JN439905

들

초판 1쇄 인쇄 • 2018년 11월 11일
지은이 • 정명숙
펴낸이 • 이승훈
펴낸곳 • 해드림출판사
주 소 • 서울 영등포구 경인로82길 3-4(문래동1가 39)
센터플러스빌딩 1004호(우편07371)
전 화 • 02-2612-5552
팩 스 • 02-2688-5568
E-mail • jlee5059@hanmail.net

등록번호 • 제2013-000076
등록일자 • 2008년 9월 29일

* 책값은 표지에 있습니다
* 잘못된 책은 바꿔드립니다

ISBN 979-11-5634-313-4

* 이 책은 충청북도, 충북문화재단의 후원으로 발간되었습니다

흔적

정명숙 에세이

해드림출판사

펴내는 글

그리운 누군가를 끊임 없이 부르는 일

땅거미가 내려앉을 무렵이면 집에 있어도
갈 곳 없는 사람처럼 마음이 서늘해집니다.
마음 한편으로 바람이 불어갑니다.

누군가와 마주 앉아 속엣 말을 꺼내고 싶었습니다.
글을 쓰는 것은 그리운 누군가의 이름을 끊임없이 부르는 일 같습니다.
그 누군가와 자연을 노래하고 살아가는 얘기를 나누었습니다.
그 이름이 저를 여기까지 밀어왔습니다.

앞서가는 문인들의 뒷모습만 보고도 따라가고 싶었습니다.

안간힘을 써보나 회의와 망설임이 그치질 않습니다.

작품이 보잘것없습니다.

원고를 정리하면서 뒤돌아보지 않기로 했습니다.

글 속에서 사람과 자연과 사물을 만나 사유하는 것으로 만족합니다.

모든 분들, 사랑하는 마음 큽니다.

2018년 늦은 가을에

목차

1부 내려앉은 별

2부 흔적

3부 소나기

4부 눈은 내리는데

5부 틀

내려앉은 별

내려앉은 별

높다. 이렇게 높은 곳은 처음이다. 눈을 크게 뜨지 않아도 된다. 모든 것이 발아래다. 앞에 보이는 우암산 자락도, 옆의 백화산도 공손하게 엎드려 한껏 푸르러진 머리를 조아린다. 움직이는 것들의 대부분은 등을 보이고 공손하다. 해가 지고 땅거미가 내리기 직전, 짧은 시간에 바라보는 주변의 풍경이 경이롭다. 이내 어둠이 사방을 덮는다. 남쪽의 먼 하늘에 작은 별이 희미하게 빛난다. 서쪽의 도심에는 수많은 별이 뜨기 시작하고 흐르는 은하수는 역동적이다.

문우의 집이 늘 궁금했다. 카카오스토리에 수시로 올라오는 풍경과 동살이 내려앉은 여러 이름의 꽃들, 그렇게 높은 곳까지 찾아오는 벌과 풀씨들, 동쪽 하늘을 붉게 물들이며 떠오르는 장엄한 태양과 서쪽 하늘의 노을, 온 시가지를 밝히는 화려한 불빛들이 시선을 끌었다. 무엇보다 이 층 서재로 올라가면서 지나치는 자작나무숲이 궁금했다. 그러다 내 집 마당에 지천인 꽈리가 없다 하니 좋은 핑계가 생겼다.

모든 것은 사진으로 보는 것보다 훨씬 좋다. 주인의 성격만큼이나 완벽하다. 꽈리 모종을 들고 방문한 24층 아파트는 잘 지은 전원주택 같다. 구조상 그 집에만 있는 넓은 베란다는 정원으로 잘 가꿔 놓았고 정갈한 장독대도 보기 좋았다. 복층계단에 설치된 자작나무는 라라를 사랑했던 닥터 지바고의 고뇌에 찬 얼굴을 떠오르게 했다. 따뜻한 차를 식기 전에 마시라는 재촉을 귓등으로 듣게 만든 것은 거실에서 바라보는 찬란한 별들의 향연이었다. 도심에 내려앉은 별, 인공의 별들도 보는 이들의 감성을 자극한다. 자동차의 행렬은 사방으로 흘러가는 은하수다.

어릴 때, 내가 살던 시골에도 별이 많았다. 하늘의 별과 땅별이다. 전기도 없는 캄캄한 여름밤, 마당에 멍석을 펴고 그 위에 하얗게 바랜 광목 홑이불을 깔고 누우면 온통 별이었다. 멀어서 아스라한 밤하늘의 별은 무한한 상상을 하게 해서 별자리라곤 북두칠성밖에 몰라도 검은 하늘에서 빛나는 별을 눈이 시리도록 바라봤다. 그러다 마땅 끝, 텃논으로 눈길을 두면 주변의 어둠을 걷어내고 소리 없이 일렁거리던 반딧불이가 있었다. 도심에 내려앉은 화려한 별과는 비교할 수 없는 조용히 움직이는 땅별이었다. 춤사위가 황홀했다. 어머니는 개똥벌레라 하고 고모는 반딧불이라고 했지만 나는 도시의 친척 집 천장에 매달려 흔들거리던 백열등 같이 신기하기만 했다. 밤이슬 내리는 마당에 누워 바라보던 수많은 별은 선명한 기억으로 남아 고개를 젖히고 습관처럼 밤하늘을 바라보게 했다. 세월 자락이 유성처럼 사라져가도 별이 쏟아지는 곳이 늘 그리웠다.

몇 년 전, 내몽골을 갔었다. 게르에서 묵던 날 어둠

이 내린 넓은 초원으로 나갔다. 어린 시절의 밤하늘이 그곳에 있었다. 손이 닿을 듯 머리 위에서 빛나던 수많은 별들은 광활한 어둠 속에서 적막했다. 별이 저렇게 많고 크게 보인다는 게 놀라웠다. 우주의 신비는 풍랑이 일던 마음을 고요하게 만들었다. 별빛 아래 홀로 몇 날을 밤새도록 걸어도 좋은 것 같았다. 게르의 불빛을 가물거리게 하던 찬란한 별빛이 아직도 눈에 선하다. 몽골의 밤하늘에 떠 있는 별은 몽환적이고 문우 집에서 바라보는 내려앉은 인공의 별들은 화려하다.

별은 스스로 빛은 내는 천체다. 주변에는 스스로 빛을 내며 내려앉은 별들이 많다. 보잘것없는 사물조차 다시 한 번 가만히 들여다보면 반짝거리며 빛을 낸다. 생명이 있는 것들은 더욱 찬란하게 빛난다. 무리 지어 피어있는 꽃다지와 돌나물 꽃은 노란별이고 제비꽃과 봄 까치꽃은 보라별이다. 지천인 냉이 꽃은 흰 별로 반짝인다. 봄별이 지면 여름별이 뜨고 가을별이 뜬다. 작고 소소한 것들이 낮고 가까운 곳에서 눈 맞추고 향기를 맡고 만질 수 있는 꽃별 천지를 만든다.

꽃별보다 빛나고 향기로운 것은 사람이다. 초대해준 문우도, 동행한 문우도, 무심코 밤하늘을 올려다봤을 때처럼, 문득 그리워지는 우리는 서로에게 내려앉은 별이다.

「저 수많은 별들 중에서 내 어깨 위에 내려앉은 작은 별, 나는 그 별이 깨어 날까 봐 밤새 꼼짝도 않고 앉아 있었습니다.」 알퐁스 도데의 별이란 동화가 마음을 두드린다. 고독과 외로움 속에 갇혀 있을 때, 곁에서 가장 밝게 빛나는 별, 사랑하는 사람들이다.

제비

불쑥 나타났다. 소식 없던 그리운 이가 온 것처럼 반갑다. 발을 멈추고 숫자를 센다. 어림잡아도 백을 훌쩍 넘어선다. 전깃줄마다 만원이다. 숲속의 나뭇가지들이 흔들리고 지붕과 담장 위에도 앉아있는 간격이 좁다. 잠시도 눈 돌리기 아까운 이 광경을 본다면 흥부보다 놀부의 입이 귀에 걸리겠다. 예고 없는 방문에 사흘째 동네가 소란스러워도 좋다.

비 갠 팔월의 하늘이 높다. 푸름 속으로 밀잠자리

떼가 낮은 자세로 유영할 때마다 제비도 함께 날아오른다. 물 찬 제비다. 청색 빛의 금속광택이 나는 검은 등과 매끈한 초리가 햇살에 반짝인다. 이마와 멱은 어두운 밤색을 띤 붉은색이다. 멱 밑은 검은색으로 경계를 이루고 몸의 아랫면은 흰색으로 마무리되었다. 날씬한 몸매에 암컷보다 꼬리가 긴 흠 잡을 데 없이 깔끔한 연미복 차림의 수컷이 눈길을 잡는다.

제비는 우리나라의 여름 철새다. 삼월 하순쯤 도래해 두 번의 번식을 하고 시월이면 겨울을 나기 위해 대부분 강남이라 부르는 중국 양쯔강 남쪽으로 떠나는 나그네새다. 해마다 봄이면 당연하게 찾아오던 제비가 마음 변한 연인이 말없이 떠나간 것처럼 제비라는 이름으로 많은 사연을 남겨놓고 자취를 감췄다.

희극과 비극 사이, 사랑을 찾아 왔다가 다시 돌아가버리는 제비 같은 여인의 이야기를 담은 지아코모 푸치니의 오페라 제비가 그러하고, 제비가 돌아올 때쯤 핀다는 제비꽃이 있다. 뒤통수나 앞이마에 뾰족이 내민 머리털을 가리키는 제비초리는 뒤통수는 보기에 따라 매력적일 수도 있지만, 앞이마는 마치 손오공 같아 우습다. 은혜 갚는 제비를 주인공으로 한 흥부전은 모르는 이가 없을 것이다. 판소리 흥부가 중 박타령은 몇 번을 들어 내용을 다 알고 있어도 다음 대목이 궁금하고 조마조마하다. 덕분에 만만한 호박보다 지붕 위 둥근 박이 유명세를 탔다. 무엇보다 중국의 명나라 시대부터 황제들이 먹던 샥스핀과 함께 많은 사람들이 평생에 단 한 번만이라도 먹어볼 기회가 생기는 횡재가 생겼으면 하는 귀한 음식이 제비집 요리다. 부챗살처럼 드리워진 바위 능선이 마치 제비가 날개를 활짝 펴고 하늘을 나는 모습 같다는 제비봉도 있고 제비란 이름으로 생겨난 속담은 부지기수다. 제비 이름이 붙여졌다고 다 좋은 건 아니다. 제비족의 유혹에 빠져본 여자들은 제비 소리만 들어도 경기가 날 일이다.

제비족이라고 모두가 세련되고 말쑥한 차림새는 아니다. 어느 파렴치한 제비족은 아무리 눈여겨봐도 제비처럼 매끈한 구석이 보이지 않았다. 투박한 외모에 가방끈도 짧고 직업도 변변하지 않아 생계를 이어가기 어려운 처지였지만 사교춤은 누구에게도 뒤지지 않는다고 했다. 클럽에서 만난 여자들을 성적으로 유혹하고 돈을 갈취했으나 처자식에게는 관심이 없으니 물어다 주는 양식도 없었다. 어느 때는 사기죄로 구속되기도 하고 유부녀를 강제로 데려다 살림을 차려 파탄시킨 가정이 여럿이었다. 그 제비족도 클럽마다 옮겨 다니는 춤판의 나그네였다. 세월을 이기지 못해 할아버지가 되어 조금은 잦아들었지만 아직도 그 버릇은 고치지 못하고 있다. 그 사람을 볼 때마다 한국전쟁 후, 급격한 성장을 이룬 칠팔십 년대에 경제 관련 유행어로 제비족이란 이름을 포함시킨 장본인인지도 모른다는 생각에 쓴웃음을 짓는다. 요즘은 클럽의 제비족은 잠잠해지고 등산 제비족과 인터넷 제비족이 뜨고 있다니 제비족도 시대 따라 변천하는가 보다.

저녁나절 동네가 갑자기 조용해졌다. 제비 무리가 떠났다. 한 마리도 없다. 어디로 갔을까. 석양을 배경으로 잠자리 떼만 공중을 맴돈다. 나그네 제비의 방문은 돌아올 기약 없이 그렇게 허무하게 끝났다. 제비의 노래가 노을 저편에서 처량하게 들려오는 듯, 이별이 아쉬운 서글픈 저녁이다.

길을 내다

새소리가 잠에서 끌어낸다. 새소리는 맑고 때로는 소란스럽다. 아직 어둠이 앉아있는 숲에서 잠시도 쉬지 않고 길을 내며 소리를 높이고 있다. 꼬리 끝으로 직선과 곡선의 길이 보였다 사라지기를 반복한다. 흔적 없는 길에 머물던 눈길을 거두고 집을 나섰다. 산길을 내려와 농로를 따라 걷는다.

요즘은 농로도 흙길 만나기가 하늘의 별따기보다 어렵다. 모두 시멘트 포장이다. 포장된 길 위에서 곡선으로 나 있는 많은 길을 발견한다. 아침 햇살에 반짝이는 은빛의 길은 폭이 좁은 농로의 중간에서 모두 끊어져 있다. 짧게 끝난 미완의 길 끝에는 새끼 달팽이의 죽음이 놓여 있고 조금 더 긴 길에는 어른 달팽이가 죽어 있거나, 살아있어도 기진맥진한 채 오도가도 못하고 멈춰서 있다. 몸속의 점액질이 모두 소진된 것이다. 나선형의 껍데기 위에 가로무늬만 보인 채 납작 엎드려 있는 달팽이는 죽어있는 것들이다. 그들은 무슨 생각으로 시멘트길 위로 기어 나와 생을 마감하는 것일까. 암수한몸이라 그리움이 사무쳐 죽음을 무릅쓰고 험난한 길을 나섰을 리는 없을 터다. 아마도 수풀 속 생활이 답답해 한밤중 이슬 내린 길을 나섰다가 아침 햇살이 내리자 이슬과 함께 그들도 말라 갔지 싶다. 어쩌면 달팽이는 이슬 내려 촉촉한 그 길이 제 인생에서 가장 좋을 것 같은 축제의 길이라 여겼을지도 모른다. 자신이 선택한 길에서 길을 잃고 멈춰선 채 죽음의 문턱까지 가리라 상상이나 했을까.

빛나는 길 위에서 환하게 웃는 사람이 부러웠다.

내면을 들여다보면 그들에게도 고통이 켜켜이 쌓여 있다는 것을 알지 못했다. 그저 나만 길을 잘못 들었다고 자책하고 혼란스러워했었다. 절망의 쓰디쓴 시간을 견디며 칼을 갈아도 가지 못한 길 쪽으로 자꾸 눈길이 머물렀다. 목마른 길에 서 있는 나를 누군가 내 영혼이 풍요로워지는 길로 데려다 줬으면 했다. 갈 곳을 잃고 멈춰선 채 말라가는 달팽이를 습도 가득한 수풀로 되돌려 보내듯이 말이다. 생각해 보니 그것은 누군가의 도움을 받아야 할 일이 아니다. 삶의 길은 매정하고 매정해서 누구도 대신할 수 없다. 가고 있는 길에서 스스로 나만의 길을 내야 했다.

나만의 길을 찾는 일이 만만한 일은 아니다. 인생이란 여행과 같아서 길 위에서 가끔은 알 수 없고 가보지 않은 길을 걸을 때도 있을 터다. 낯선 길에서 만난 두려움 속에 갇혀 견디기 힘들 정도로 아프게 넘어졌을 땐 뜨거운 햇볕 아래서 시멘트길 위에 몸속의 점액질로 은빛 길을 내며 죽어가던 달팽이처럼 그냥 말라가고 싶기도 했다. 이기심은 내 흔들림의 여진에 가족들마저 불안해한다는 것을 모른척하게 했다. 그러나 지금은 나만의 길이지만 결코 나만의 길이 아니라는 걸 안다. 선택한 길에서 흔들리지 않는다. 삶을 지탱해주는 사랑의 힘이 있어 때로 가시덤불 속을 걸어도 견딜 만하다.

발밑에 있는 달팽이 한 마리를 수풀 속에 내려놓고 가던 길을 재촉했다. 은빛 길을 내던 달팽이는 되돌아온 수풀 속에서 편안해질까. 길 건너편의 수풀 속이 못내 그리워 또다시 흔들리는 것은 아닐까.

누구든 달팽이처럼 생과 사의 갈림길에 서 있을 때, 혹은 길을 잘못 들어 방황할 때, 마음을 열고 손을 잡아주는 이가 단 한 사람이라도 곁에 있다면 슬픔에 젖어 벼랑길을 걷는다 해도 견디고 일어설 수 있으리라.

절을 받다

등나무 그늘에 앉았다. 공원에는 들꽃의 향연이다. 토끼풀 꽃이 지천이고 노란 민들레꽃과 씀바귀도 꽃을 피웠다. 반짝이는 오월의 햇살을 가르고 명지바람이 목덜미를 간질인다. 한가로운 풍경 속에 두 여인이 풀밭에 앉아 도란거린다. 수채화처럼 화사하다.

공부방 수강생들과 한적한 공원으로 야외수업을 나왔다. 각자 준비해온 도시락으로 점심을 먹고 차를 마시며 담소를 나누는 중이다. 머릿밑이 희끗희끗

한 여인이 나무 의자에 앉아 있는 내 앞으로 다가와 무릎을 꿇더니 정중하게 두 손으로 들꽃 다발을 내민다. 영문을 몰라 같이 무릎을 굽혔다. 환갑이 지난 그녀는 그동안 글공부를 잘 가르쳐 주셔서 고맙다는 말과 함께 허리를 굽히고 땅을 짚은 손에 머리를 대고 절을 한다. 느닷없는 행동에 몹시 당황스러웠다. 맞절을 하자 수강생들의 박수 소리와 함께 웃음보가 터지고 만다.

나만의 책을 펴내기 위해 참여하는 수강생들은 주로 나이 많은 여인들이다. 대부분 가슴 속에 불덩이 하나씩 담고 있어 하고 싶은 말이 많다. 나는 전문적인 지식보다는 아파도 웅크리지 않고 스스로 껍질을 깨고 용기 있게 세상 속으로 나온 그들의 응어리진 삶을 풀어내게 하는데 시간을 배려한다. 차마 가족이나 친구에게조차 하지 못하고 꼭꼭 여며둔 사연들을 꺼내 놓으면 같이 울고 웃는 일이 허다하다. 강사와 수강생이 아닌 동등한 입장에서 들어주고 공감하고 위로하다 보면 강요하지 않아도 스스로 글을 쓰는데 재미를 붙이기도 한다. 강사의 입장에서는 한 권의 책이라도 더 발간해야 실적이 올라가지만, 시간이 지체되어도 글을 쓰면서 상처가 치유되어가고 자신감도 생겨 표정이 밝아지는 것으로 만족한다.

절을 하는 그녀도 그랬다. 몇 년 동안 글을 쓰면서 힘든 시기를 지혜롭게 넘겼다. 책을 발간하면서 소원했던 가족 간의 거리도 가까워졌다. 어쩌다 남편과 전화통화를 하게 되면 옆에서 듣기가 간지럽다. 긍정적인 생각으로 이해의 폭이 넓어지면서 새로 시작한 사업도 순조롭고 경제적으로 안정되어 삶의 질이 높아졌다. 인생의 목표를 향해 당당하게 걸어가는 그녀에게 오히려 내가 많은 걸 배우고 깨닫는 입장으로 바뀌었다. 고마운 마음 큰데 내 앞에서 두 무릎을 꿇고 허리를 굽혀 머리를 숙였다.

절을 하는 사람과 절을 받는 사람과의 관계는 상하의 관계다. 공적으로는 지배자와 피지배자, 신분이 높거나 낮은 자다. 사적으로는 항렬이 높은 사람과 낮은 사람, 윗세대와 아랫세대, 가르치는 사람과 배우는 사람 등으로 나눌 수 있다. 절을 필요로 하는 인간관계 뒤에는 생활의 욕구를 충족시켜 준 은혜에 대한 감사의 감정이 개재된다. 그것이 절이라는 행위로 나타나는데 그녀처럼 고운 눈빛에 진장 감사한 마음을 담아 절을 한 적이 있었던가.

유년의 기억에 남아 있는 절은 계산적이었다. 먼 곳에서 친척이 오시거나 명절날 어른들께 드리는 절에는 항상 용돈이라는 미명하에 돈이 주어졌다. 누가 시키지 않아도 스스로 무릎을 꿇고 바닥을 짚은 손에 머리를 대는 일이 즐거웠다. 삶을 책임져야 할 나이가 되어서는 의무감이 앞섰다. 시집오던 날, 결혼식이 끝나고 시댁에서 폐백드릴 때, 수모의 부축을 받으며 시부모와 촌수 높은 집안 어른들께 수없이 반복해서 올리던 큰절도 그러하다. 시집살이를 하면서 시댁의 웃어른이 오실 때마다 한 무릎을 세우고 다른 무릎은 꿇고 양손은 옆의 바닥을 짚고 머리와 허리를 최대한 굽혀 바닥에 숙이는 평절도 의무적으로 했었다.

절을 생각하면 부끄럽게도 핑계만 무성하다. 정처없이 유랑하고 가파른 생의 비탈에서 굴러 내릴 때마다 내 영혼은 너무나 빈번하게 노숙만 했다. 그러하니 낳아서 길러준 부모의 은혜, 스승에게는 바른 길로 이끌어 주고 삶의 지혜를 깨우쳐준 은혜가 커도 마음을 담아 절을 올리지 못했다. 주위에 존경하는 어른이 계셔도 감사한 마음을 마음속에만 가두고 절이라는 행위로 표현할 용기가 없었다. 그저 허리를 굽히고 머리를 숙이는 것으로 대신하곤 했다.

나는 절을 받을 만큼 인간적이거나 학문적으로 잘 가르쳐주지 못했다. 존경받아야 할 사람은 진정 아니다. 건네준 들꽃 다발에 얼굴을 묻었다. 민망함에 한참 동안 고개를 들지 못하자 지나던 바람이 등나무 줄기를 흔들어 댄다.

봄향

손끝이 시리다. 나무초리를 흔들던 찬바람이 목덜미를 휘돌다 옷 속으로 파고든다. 꽃샘추위가 맵다. 잔뜩 움츠려 있는 나와 달리 흐트러짐이 없는 쑥 앞에 앉아있다. 여릿여릿한 줄기와 작고 보드라운 잎이 잿빛 추위에 당당하다. 낯가림도 없다. 아무 곳에서나 올라오는 흔한 식물이라 귀히 여기지 않으나 명성은 대단하지 않던가. 진시황제가 애타게 찾던 봉래초라는 말도 있다. 강인한 생명력을 앞세워 만병통치

약으로 위세를 떨치고 약용을 겸하는 식품으로 첫손에 꼽을 만하다.

쑥은 멀어져간 시간을 되돌려 놓는다. 애쑥이 올라오면 쑥국을 끓여 주시던 친정어머니의 모습이 떠오른다. 분주하던 봄날의 들판과 정겨운 음식도 생각난다. 겨우내 움츠려있던 가족들의 몸과 마음에 기운을 돋우어 주자면 쑥처럼 만만한 게 또 있을까. 쑥버무리는 계절이 바뀌기 전까지 봄철의 시식 거리였다. 콩죽을 쑤거나 칼국수를 끓일 때도 먹기 직전 마당가에서 금방 뜯어온 한 줌의 쑥을 넣어 음식에 향을 더하던 어머니였다.

얼굴이 새카맣게 타도록 들판에 앉아 쑥을 뜯던 친정어머니가 고관절골절로 어려운 수술을 했다. 견디기 힘든 통증과 죽음 앞에 가까이 다가섰다는 공포를 이겨내기가 힘겨우신지 말문을 닫고 식음을 전폐하다시피 하신다. 해드릴 수 있는 게 없어 속만 쓰렸다. 모든 게 부푸는 봄날에 어머니 곁에서 맴돌며 한없이 잦아들기만 하는 어느 날 밤이었다. 통증이 심해 뒤척이는 어머니를 돌려 뉘이고 기저귀를 갈면서 무엇이 드시고 싶으냐고 물었다. 미안한 표정으로 쑥버무리를 먹으면 입맛이 돌아올 것 같다며 잠이 드신다. 작고 가벼운 몸에서 베여 나오는 쓸쓸함이, 아기처럼 누구의 도움 없이는 아무것도 할 수 없게 된 어머니가 가슴을 먹먹하게 했다. 마음대로 움직일 수 없는 육신이 되어 자식들에게서 받는 섭섭함이 얼마나 많았으면 쑥버무리가 먹고 싶다는 말을 그리도 어렵게 하실까.

곁에 아무도 없으면 불안해서 눈빛이 흔들리는 병상의 어머니처럼 나도 그랬었다. 다 크도록 엄마가 잠시라도 눈에 보이지 않으면 기가 죽고 불안했다. 언제까지나 우리를 보살펴주고 지켜줄 거라고만 생각했다. 엄마는 그랬다. 오 남매 키우고 공부시키느라 뼛속을 다 비웠다. 당신 딸이 제 자식 때문에 속을 끓이면 그게 안쓰러워 애를 태우는데 그 딸은 시부모 보살피는 일이 우선이고 홀로 계신 친정어머니는 늘 뒷전으로 밀어놓았다. 어쩌다 친정에 가겠노라 전화하면 몹시 반가운 목소리로

"그래, 내가 맛있는 거 사 줄게 얼른 와." 하며 만사

를 제쳐놓고 기다리던 어머니의 외로움을 알면서도 외면했다. 노쇠한 몸을 병상에 누이고 누군가 전해줘야만 봄향을 맡을 수 있는 지금에서야 자식이 어머니의 바람막이가 되어야겠다고 생각하나 자식은 자식일 뿐, 어찌 어머니처럼 할 수 있으랴. 서로의 역할이 바뀌었다는 것을 진즉에 알았으면서 나이 들어도 모성에 기대고 싶은 마음에 인정하고 싶지 않았던 이기심이 후회로, 설움으로, 도심의 불빛을 흐리게 했다.

이른 아침, 쑥을 뜯어 쑥버무리를 만들었다. 기운 없이 누워있던 어머니가 반가워하신다. 나는 밥보다 쑥버무리가 더 좋다는 말을 몇 번이나 하신다. 쑥향은 병실을 가득 채우고 어머니의 얼굴에 생기가 돈다. 남은 것은 귀한 음식을 대하듯 뚜껑을 덮어 머리맡에 놓으며 다독거리신다.

오랜 세월, 어머니처럼 나도 봄을 쑥향으로 느꼈다. 내게 쑥향은 곧 어머니의 향이다. 아무 데서나 쑥쑥 올라오는 쑥만 보면 반가우면서 봄날이면 쑥으로 인해 더욱 고달팠던 어머니의 삶이 겹쳐져 생목이 올라 불편하다. 그러나 어머니가 쑥버무리로 밥맛을 찾으시고 고통도 순해져서 병상에서 쑥쑥 내려오고 쑥쑥 걸을 수 있다면 손끝이 새카맣게 물들어도 새벽마다 쑥 뜯는 일을 마다하지 않을 것이다.

동살이 내려앉는 쑥 위로 야윈 어머니의 얼굴이 겹쳐진다. 해마다 봄이 되면 새하얀 광목 앞치마를 두르고 들판에 앉아 쑥을 뜯던 모습이 아지랑이처럼 가물거리는 아침이다.

사랑해 주세요

초등학교 동창회 날이다. 야외에서 모인다고 한다. 아는 장소지만 주위 환경이 변해선지, 아니면 나이 탓인지 금방 찾질 못하고 친구와 몇 번의 전화통화로 찾아갈 수 있었다. 이미 그곳에 모인 많은 친구들이 담임이었던 두 분의 선생님과 함께 술자리가 무르익고 있었다.

6학년 때의 담임 선생님께서 나를 발견하시곤 이름을 부르며 무척 반가워하신다. 손을 꼭 잡고 요즘

근황에 관해 세세하게 물으시면서 초등학교 시절의 시험 점수와 외모와 어떻게 생활하였는지에 대해 정확하게 말씀하신다. 어찌 그리 기억력이 좋으신지 경이로우면서도 민망했다.

친정엄마는 일 년이면 봄가을, 두 번 밀주를 담갔었다. 용수에 고인 맑은 술을 두어 병 담고 찬합에 안주를 정갈하게 담아 학교로 보냈다. 아버지는 유선 방송실을 운영하셔서 시골 학교에서 나는 유명인이었다. 가끔 새로 전근 오시는 선생님께서 내게 찾아와 집에 가면 아버지께 스피커 좀 달아 달라는 부탁을 했었다. 선생님들의 지나친 관심도 부담스러웠지만 무엇보다 나는 친구들의 질투 어린 따가운 시선이 무척 싫었다. 공부를 잘해서 받는 거라면 좋을 터이나 엄마의 관심과 아버지의 직업으로 인해 사랑받는 것 같아 어린 마음에도 왠지 떳떳하지 못한 것 같아서다.

환경은 열심히 공부하려 노력해야 하는 이유가 되기도 했으나 기대만큼 잘하진 못했다. 중년으로 접어들어 동창회에 처음 나갔던 날, 오랜만에 만난 친구가 공부를 잘하지도 못했던 나를 무척이나 부러워했었다는 말을 했을 때는 내색도 못 하고 몹시 부끄러웠었다.

선생님 두 분께서는 팔순이 넘으셨다. 열정 가득한 젊은 날의 모습도 사라졌다. 우리의 아버지들처럼 어깨는 작아지고 초라해지셨다. 이젠 사랑을 주었던 제자들과도 세월 따라 멀어지고 있다. 한 친구가 선생님께 술을 따라드리며 덕담을 해주십사 청했다. 모두가 무슨 말씀을 하시려나, 집중하고 있다가 그만 폭소가 터지고 말았다.

"여러분, 많이 사랑해주세요"

예전에 우리가 선생님을 바라보면서 염원하던 사랑이다. 웃음 끝에 마음이 아련해졌다. 수많은 단어 가운데 사랑이란 말보다 더 사로잡는 말이 있을까. 아무 곳에나 있지만 아무 데도 없는 게 사랑인데 사랑을 설명하라면 어떻게 정의할 수 있을까, 어디까지가 사랑이고 어디까지가 집착일까.

남자들은 나이 듦에 마음이 약해진다고 한다. 선생님께서도 마음이 약해지신 것일까. 기억 속에 남아 있는 선생님은 늘 엄해서 무섭기만 했었다. '많이 사랑해주세요' 라는 말씀이 명치끝에 걸린다.

우리 집 남자도 그렇다. 남들이 볼 때면 현장에서 많은 사람을 부리는 입장이라 대단하다고 하나 집에 들어오면 참 아니다. 연속극을 어찌 그리 사랑하는지 저녁이면 만사 제쳐놓고 리모컨을 손에 쥐고 잠들 때까지 놓지 않는다. 눈물도 많아졌다. 밥상에 맛있는 반찬이 올라오면 집에 없는 아이들 생각에 훌쩍이고 내가 서운한 말을 해도 훌쩍인다. 기가 막힐 정도다. 도대체 왜 그러느냐고 물으면 사랑해 주지 않아서란다. 그러다 갑자기 돌변하면 물불을 가리지 않는다. 억지소리를 하며 잔소리도 심하다. 많이 잦아들었지만 지금도 따라다니면서 잔소리를 한다. 될 수 있으면 멀리 떨어져 있으려는 내 마음을 왜 모를까.

나는 누군가에게 사랑해달라는 말을 한 번도 하지 않았다. 개도 안 물어갈 자존심 때문이기도 하나 내가 해야 할 일만 열심히 하다 보면 사랑은 자연스레 다가오기도 했다. 좋은 사람이 보여도 나 혼자 사랑하면 그만이다. 가슴앓이 좀 하면 어떤가. 지나고 보면 모두가 달콤한 추억일터다.

나이 든 제자들의 화기애애한 동창회 분위기를 깨지 않기 위해 선생님은 농담처럼 '많이 사랑해 주세요.' 하셨다. 누군가에게 사랑해 달라는 말을 할 때는 용기도 필요하지만 외로우니 관심으로 봐달라는 뜻일 게다.

사랑이라는 단어가 없다면 사랑하는 마음을 어떻게 표현할까, 사람은 고독한 존재일 수밖에 없어 가난하거나 부자인 사람도 세상을 읽어낼 수 있는 방법은 사랑뿐이다. 사랑해 달라는 것보다 너를 진정으로 사랑한다는 말을 들을 수 있다면 삶에 균열이 생겨도 두 팔로 끌어안고 힘차게 나아갈 용기가 생기지 않을까.

인생은 사랑이 제일 중요하다. 나머지는 배경이다.

밥상머리 수다

"진짜 맛있어요."

저녁밥을 먹으며 세 살짜리 계집아이가 목소리를 높여 말한다. 오독거리며 씹는 소리도 야무지다. 싫고 좋다는 표현에 거리낌 없이 당당한 것도 보기 좋다. 반찬이라야 밥 위에 얹어주는 무장아찌뿐인데도 신이 났다. 가리는 음식은 없어도 유별나게 좋아하는 반찬이 무장아찌와 두부, 그리고 청국장이다. 어린 것이 칼칼한 것을 좋아해 보리밥 해서 배추겉절이나 여러 가지 나물 넣고 벌겋게 비벼놓으면 서슴없이 숟가락을 들이댄다. 매운맛에 호호거리면서도 진짜 맛있다는 말을 반복하는 작은 입술이 앙증맞다. 된 발음이 서툴고 명사와 조사를 무시하며 알아서 들으라는 듯 쏟아내는 말들이지만 귀가 즐겁다. '밥상머리 교육'은 저만치 밀어놓았다. '말이 많으면 복이 나간다'는 속담도 무색하다. 눈을 맞추고 아이가 하고자하는 말에 추임새를 넣다 보면 식사는 뒷전이고 즐거운 수다만 밥상 위에 수북하게 올라있다.

아이가 없을 때는 친구들과의 수다가 제일 재미있다고 생각했다. 어쩌다 집에서 맞아야 할 저녁 시간을 비우고 밖으로 나갈 때면 늘 불안감이 함께 했지만 한가한 점심시간은 편안해서 수다 떨기에 안성맞춤이다. 소박하게 차려진 밥상머리에 둘러앉아 별 것도 아닌 일로 박장대소하고 서로 공감하고 위로할 수 있는 관계가 동성의 친구들이다. 남편 자랑은 건너 뛴지 오래다. 도토리 키 재기 같은 자식 자랑이 수시로 밥상을 넘나든다. 더러는 이재에 밝아 어느 곳에 아파트를 사서 임대했다거나 신도시에 땅을 샀더니 별로 오르지 않았어도 손해는 없다고 슬쩍 자랑을 해도 이젠 질투 나지 않을 만큼 나이도 들었다. 노인병원이나 요양원에 계신 부모님과 돌아가신 분까지 수다로 모셔오고 언제쯤인가 했던 얘기를 또 꺼내도 지루하지 않아 수다는 쉽게 끝나지 않는다. 결국은 음식점 주인의 심상치 않은 눈치를 보고 자리를 뜬다. 친구들과의 즐거운 수다는 목적 있는 거래가 없다. 서로 예의를 지키며 배려하는 마음이 있어 즐겁고 다음 만남을 기다리게 된다.

누구와 한 밥상에 앉느냐에 따라 수다도 달라진다. 수다스러움이 도를 넘어 말 속에 잔소리와 짜증이 섞이거나 상대방의 말꼬리를 잡고 시비를 걸다 애꿎은 밥상이라도 날아간다면 밥 먹는 일은 묵언 수행의 고행일 터다. 그런 사람 앞에서는 말문 여는 게 불안하고 불편하다. 한 공간에 있는 것조차 꺼리게 된다. 예의를 무시하는 부부 사이에서 일어나고 부모 자식 간에도 종종 일어나는 일이다. 가장 가까워야 할 관계가 아주 먼 사이가 되는 계기다. 이때만큼은 '밥상머리에서 말이 많으면 복이 나간다'는 속담에 고개가 절로 끄덕여진다.

어쩌다 상대방을 배려하는 사람과 마주 앉으면 말 많은 사람을 질색하는 나도 몹시 수다스러워질 때가 있다. 마음이 편안하고 즐거워 철없는 아이처럼 자꾸 말이 하고 싶어진다. 잠시라도 행복할 때, 복도 함께 오는 것이 아닐까. 밥상 앞에서 무장아찌를 물 말은 밥 위에 얹어 먹으며 진짜 맛있다고 수없이 반복하는 아이를 보면 느낄 수 있다. 즐거운 수다에는 복이 저절로 들어온다는 것을.

공짜는 없다

아침에 잠이 깨면 마당으로 나간다. 장독을 열어보고 나무와 꽃들을 살펴보다 시간의 여유가 있으면 잡풀을 뽑는 게 습관이 되었다. 오늘도 여느 날과 같이 마당에 서서 아무 생각 없이 여기저기 눈길을 주고 있었다. 숲속은 고요하고 잔바람에 나뭇잎은 반짝였다. 한가로운 풍경 속에 뜻밖의 손님이 와 있다. 심한 가뭄으로 잔디가 무성하게 자라지 않으니 온몸을 그대로 노출시키고 있다. 순간, 심장이 턱턱 거린다. 발을 옮겨야 하는데 꼼짝을 할 수가 없다. 텃밭에서 잡초를 뽑고 있는 남편을 숨넘어가게 불러댔다. 평소에는 밥상 차려 놨어요. 라든지 저녁에 부득이한 일이 있으면 나 좀 늦어요. 하는 말 외는 서로가 말문 닫고 산 지 오래되었는데 동네가 떠나가게 부르니 한달음에 달려온다. 왜 그러느냐고 묻는 말에 대답 대신 아침에 찾아온 첫 손님을 향해 손가락질만 했다.

족히 일 미터가 넘는 유혈목이다. 성체의 화사한 무늬가 아침 햇살에 번쩍이며 공포의 느낌으로 다가온다. 작년 이때쯤엔 바람에 하롱거리는 복분자 연분홍 꽃잎을 하염없이 바라보는데 나무 밑에 똬리를 틀고 있던 몸통 굵은 누런 구렁이가 놀라게 하더니 올해는 꽃뱀이라 불리는 유혈목이다. 가끔 작은 새끼 뱀이 눈에 띄면 깜짝하고 말지만, 오늘은 놀라는 크기가 다르다. 남편은 뱀을 훠이 훠이 마당 끝 계곡 쪽으로 몰아낸다.

우리 집에는 애완견 두 마리가 있다. 몽룡이는 아버지고 몽돌이가 아들이다. 아버지의 덩치는 아들보다 작지만, 아내인 춘향이가 죽고 나자 아들에 대한 책임감이 무척 강해졌다. 어느 날 밤이었다. 아들인 몽돌이는 세상모르고 단잠에 빠져있는데 아버지 몽룡이가 킁킁대며 자꾸 이불을 들추었다. 분명 무슨 이유가 있겠지 싶어 한쪽을 들어 보았다. 그 속에는 15센티는 될 만한 지네가 있었다. 지네는 징그럽기도 하지만 물리면 붓고 몹시 가렵다. 이렇게 큰 놈은 손으로 잡기도 난감하다. 휴지를 두껍게 말아 두 손으로 지네를 잡아 창밖으로 던지고 이불을 다독여주며 이젠 자도 된다고 했으나 몽룡이는 계속 킁킁대며 이불을 들춘다. 지네의 냄새가 남아 있어서 그런가 보다 했다. 다시 이불을 들어 털면서 이젠 없으니 안심하고 자도 된다고 말하는 순간 커다란 놈이 또 나온다.

지네는 부부 금실이 얼마나 좋은지 꼭 같이 다닌단다. 검은 몸통에 빨간 머리, 빨간 다리의 지네를 잡아 다시 창밖으로 던졌다. 지네 때문에 애를 먹는 건 강아지뿐만이 아니다. 한밤중, 머리 주위에서 사사삭거리며 기어 다니는 소리를 들으면 잠이 달아날 정도로 무섭다. 그래도 죽이질 못한다. 작은 곤충 하나도 그들이 먼저 터를 잡고 살던 곳에 무단 침입한 것은 사람이니 미안해서 웬만하면 그냥 참는다.

도심의 아파트나 주택에서의 생활은 편리했다. 그러나 밤낮을 가리지 않는 소음에 불면의 밤을 보낸 적이 한두 번이 아니었다. 잠이 오지 않으니 미운 사람은 더 미워지고 보고 싶은 사람은 더욱 그리웠다. 이곳은 달랐다. 불편하긴 해도 물소리 새소리도 즐겁고 밤이면 산마루에 걸리는 달은 몽환적이다. 까만 융단에 꾹꾹 박아놓은 듯, 수많은 별들이 고요하게 세상을 내려다보는 것이 좋아 수시로 밤하늘을 바라본다. 무엇보다 푸성귀가 제 향기를 지니고 공기가 맑아 말소리가 또렷이 들린다. 잡념이 잦아들어 잠도 달달하게 잔다. 불편한 일도 많다. 작은 텃밭에서 자라는 작물이나 열매들은 사람보다 다람쥐가 먼저 수확한다. 고라니까지 먹고 나야 사람차지가 된다. 그뿐인가. 온갖 곤충들이 슬슬 집 안으로 들어와 터를 잡기 시작했다. 그들과의 동거에 적응하기가 쉽질 않았다. 어느 날은 내가 사는 집이 누구 집인지 헷갈릴 때도 있다. 잡초와의 전쟁도 방심은 금물이다. 무성한 숲이 주는 청량함도, 수시로 피어나는 꽃들로 인해 누리는 호사도 대가를 치러야 한다. 언제 어디서 무엇이 나타나 또다시 심장에 오작동을 일으킬지 알 수 없다. 산속 생활을 하고부터 세상살이가 공평하다는 걸 절실하게 깨닫는다.

숲 속에서 새들의 지저귀는 소리 요란하다. 어디로 들어 왔는지 갈색여치 두 마리 제집인 양 커튼 위에 붙어 편안히 늦잠을 즐긴다. 세상에 공짜는 없다.

안단테(andante)

늦은 밤인데 걷고 싶단다. 길가에 차를 주차시켰다. 바람이 차다. 집까지는 삼십여 분이 걸리는 오름길이다. 인적 없는 산길이라 밤중에 혼자서 걷는다는 것은 엄두도 내지 못하던 일이다.

도로의 불빛이 멀어질수록 어둠은 짙어지고 별이 지천이다. 딸은 무서움도 잊은 채 몇 발자국 걷다 멈추기를 반복한다. 별을 보라고 성화다. 처음 보는 광경처럼 신비한 밤하늘이 걸음을 느리게 한다. 늘 급하기만 하던 마음까지 느슨해진다.

밤길을 걸으며 잠시도 쉬지 않고 재잘거린다. 차를 타지 않고 천천히 걷는 게 이렇게 기분 좋은 일인지 몰랐다며 즐거워한다. 그동안 내가 알지 못했던 직장에서 일어났던 일들을 털어놓다가 별을 얘기하고, 결혼 문제를 상의하다 달을 보며 감탄한다. 앞으로의 인생 계획에 대해 제 의견을 말할 때는 무슨 일을 시작하던 서두르지 않고 오늘 밤처럼 별도보고 달도 바라보며 밑바닥부터 차근차근 올라갈 것이라고 꿈을 꾸듯 하늘을 쳐다본다. 세상살이가 얼마나 각박한지를 겪어보지 않아 여유롭지만 대견하게도 목적이 뚜렷하다. 문득 풋풋했던 시절, 느림을 강조하는 노래에 빠져 철없이 지냈던 내 모습이 떠오른다. 한음 높아진 딸의 목소리는 별빛과 달빛을 타고 흐르는데 홀로 어둠 속에서 민망하다.

별을 바라보며 미래의 삶을 상상하던 날들이 있었다. 그때, 내 인생의 밑그림은 지금, 이 순간처럼 여유롭고 맑았었다. 부모님 밑에서 편안했고 삶의 무게가 무언지 몰랐으니 숨 가쁘게 달려갈 일도 없었다.

가끔은 게을러도 좋고 주어진 일은 천천히 해도 그만이었다. 아무런 노력도 없이 미래의 삶을 상상만 하면서 시나브로 나이 들어가던 1970년대 후반이었나, 어느 날, 아바의 노래를 들었다. 경쾌하면서 세련된 음악은 작은 충격이었다. '안단테' 의 서정적이고 아름다운 운율이 가슴을 파고들었다. 나이 찬 노처녀가 되어 태연한 척해도 조급증이 생기기 시작할 때여서 느림을 강조하는 가사가 마음에 꼭 들기도 했다. 친구들 보다 늦어지는 결혼도 다소나마 그 노래를 들으며 위안을 삼기도 했다. 그 후 테이프를 사서 카세트 레코더에 넣고 들었고 지금은 시디로 듣는 노래다.

안단테를 생각하면 실소를 금치 못한다. 남녀의 사랑 행위를 노골적으로 표현한 노래인데 영어 실력이 짧아서 안단테의 가사 내용이 그저 천천히 하는 사랑 이야기인 줄만 알았었다. 물질 만능시대로 접어들기 시작하면서 양은냄비처럼 후루룩 끓어 잠시 뜨거운 것보다 시나브로 익어가는 사랑이야말로 진정한 사랑이라 여겼다. 아바의 '안단테'는 느림의 미학으로 나의 로망이 되었었다. 허나 살다 보니 누군가를 사랑하는 일도, 삶도 결코 만만한 게 아니어서 아름답고 느리면 안 되는 것이었다. 사랑이 찾아와도 늘 목말라 상처가 되고 먹고 살아야 할 긴급문제는 남보다 앞서가려 끊임없는 노력을 해야 했다. 그토록 앞만 보고 달리는 치열한 삶의 여정을 지나왔어도 뒤돌아보면 사랑도 명예도 남은 것이 별로 없는 게 인생이다.

언제부터인지 누가 깨우는 것도 아닌데 자다가 깜짝 놀라 일어난다. 해야 할 일은 많아도 무엇부터 풀어 나가야 할지 막막할 때도 있다. 누추한 삶이 조급증을 일게 하는가 보다. 이젠 욕심 내려놓고 여유로운 마음으로 느리게 가도 채근하는 사람이 없다. 그럼에도 달리고 있다. 덩달아 몸과 마음까지 버석거려지는 걸 부인하지 못한다.

집에 도착해 현관문을 들어서는 딸의 목소리가 경쾌하다. 따라오는 별빛을 온몸으로 받으며 걷는 삼십여분이 마음에 작은 변화를 일으켰나 보다. 홀로 마당에서 서성이며 산마루에 걸린 달을 올려다본다. 오늘 밤처럼 별도 보고 달도 보며 행복한 마음으로 조금 느리게 살아가면 얼마나 좋을까, 달리지 않아도 인생의 겨울이 코앞이다. 내 나이만큼의 속도만 유지한다면 삶의 길이 편안해질까. 머지않아 부모 곁을 떠나면 어쩔 수 없이 딸도 앞만 보고 갈 것 같아 안쓰러움에 별빛이 흐려진다.

버스 안의 풍경

시내버스는 금방 왔다. 승차하면서 요금을 몰라 행동이 굼뜨다. 기사께 버스비를 묻는 일도 민망하고 그런 나를 바라보는 승객들의 눈길도 왠지 부담스럽다. 하교 시간이라 버스 안에는 일반 승객보다 학생들이 많다. 시끄러울 것이란 생각이 빗나갔다. 새 학기가 시작되고 신입생들도 있을 터이나 재잘거림 없이 조용하다. 그렇다고 책을 보고 있는 것도 아니다. 버스 안의 풍경이 몹시 낯설다.

친정에 가는 길이다. 버스는 도시의 한쪽 끝에서 다른 한쪽 끝으로 간다. 거의 한 시간 동안 버스 안에서 타고 내리는 승객들의 표정과 행동을 유심히 살펴보았다. 한결같았다. 젊은이도, 나이 지긋한 노인들도 무심한 얼굴로 승차해서 빈자리가 있는지 살펴본다. 앉아 있는 사람들은 누구도 고개를 들고 눈을 맞추지 않는다. 옆에 서 있는 사람이 상노인이라도 아는 척을 하지 않는다. 오로지 손전화만 바라보고 있다. 이어폰을 끼고 음악을 듣거나, 빠른 속도로 문자 보내고 받는 일을 반복하다 검색을 하거나 각자의 일에 빠져 있다. 들리는 소리는 다음 정류장에서 하차하는 손님이 누르는 벨 소리와 여자의 낭랑한 안내 음성뿐이다. 앉을 자리 없이 승객으로 꽉 찬 버스 안이지만 홀로 황량한 벌판에 서 있는 것처럼 고독하다. 멀미가 나기 시작했다. 도착지까지 참고 가야 할까, 갈등이 생긴다.

중학교에 입학하면서부터 기차 통학을 했었다. 어쩌다 게으름을 피우다 기차를 놓치면 기찻길을 따라 걸어서 학교에 갔다. 역에서 20여 분을 더 걸어가서 버스를 타면 쉬울 터지만 그러려면 집으로 가서 버스비를 타야 했다. 그 시절, 주머니에 돈을 넣고 다니는 학생은 드물었다. 용돈 한 번 타본 적 없는데도 부모님께 들어야 하는 꾸지람이 싫어 차라리 시오리 길을 걸어서 가는 것이 마음 편했다

새벽의 통학 열차는 늘 만원이었다. 내가 타는 역은 청주에서 제일 가까운 곳이라 객실 안으로 들어가기가 쉽질 않았다. 난간 계단에 간신히 매달려가는 날이 다반사였다. 그런데도 학교에 다닐 수 있다는 것이 좋아 고생이라 생각해 본 적이 없었다. 아침과 달리 집으로 돌아올 때는 좌석에 앉아오는 날이 많았다. 짧은 시간이지만 습관처럼 책을 펴들었다. 친구는 물론 늘 만나는 선배나 후배들과 눈만 마주쳐도 서로 아는 체를 하고 웃어 주었다. 어쩌다 나이 드신 분이 객실로 들어서면 책을 덮고 당연하게 일어서곤 했다. 기차를 타거나 버스를 타거나 마찬가지였다. 나뿐만 아니라 대다수 학생들이 그랬다. 누가 시켜서가 아니다. 스스로 일어났다. 나이가 든 지금도 습관처럼 그러한 행동을 한다. 그러다 혼자 웃는다.

'나도 이젠 노인인데 뭐 하는 짓이야. 어쩌면 저 노인네가 나보다 어릴지도 모르는데.'

버스 안에서의 기억 들추기는 스산해진 나이와도 무관하지 않을 터이다. 시간의 흐름에 휩쓸려 스러진 것들, 또는 시간의 늪에 빠져 허우적거리는 것들에 대한 그리움이나 안타까움 속에는 학창 시절과 젊음에 대한 반성의 아쉬움이 남아 있어서이다. 먼 훗날 오늘의 젊은이들도 빠르고 거친 세상을 살아내면서 그 시대엔 낭만도 없었고 경로사상이란 것도 없었노라, 언제 어디서든 친구보다 가깝고 모든 걸 해결해 주던 손전화에 대한 기억만 들추며 아쉬워할지도 모른다.

빠르게 변해가는 요즘, 나에게 과거는 철 지난 유행처럼 촌스럽다. 그러나 예의가 있고 정이 묻어있는 옛 추억은 내 삶을 지탱해 주는 튼실한 지지대로 남아있다. 당분간 버스 타고 싶은 마음이 생기지 않을 것 같다.

피어있다

초봄부터 쉼 없이 피어난다. 발자국 옮겨 걷다 보면 어느 집이고 각기 다른 이름의 꽃이 무더기로 피고 진다. 울도 담도 없이 사는 곳이라 지천인 꽃구경은 공짜다. 요즘엔 원추리 꽃이 보기 좋다. 어린 날, 새참이고 들로 가는 엄마 따라가다 새터 뒷산에 지천으로 피던 노랑원추리 꽃을 꺾던 추억 한 자락이다. 잊을만하면 수줍은 미소로 아는 척하는 민들레꽃도 반갑고 이르다 싶게 핀 달맞이꽃과 연분홍 메꽃의 자태도 아련하다. 아침나절 들꽃에 맺힌 이슬 위로 햇살이 반짝이면 그 앞에 서서 나는 꽉꽉 여몄던 마음의 빗장을 스스로 열고 다독인다. 앓는 소리를 내기도 한다. 어찌 꽃잎의 흔들림을 인간의 언어 기호로 간단히 번역할 수 있을까. 풀숲에서 은은한 향기로 고요하게 피어나는 들꽃이 되어도 좋겠다.

들꽃 향기가 나는 초등학교 적 친구가 있다. 나이가 들만큼 들어 몸은 꽃잎진지 오래인데 늘 피어있다. 예쁘지도 않다. 키는 평균치보다 작고 날씬한 것도 아니다. 얼굴은 동그랗고 몸도 둥글다. 게다가 피부도 까무잡잡하다. 한동안 무릎이 아파 제대로 걷지도 못했었다. 다행히 꾸준한 걷기운동으로 지금은 누구보다 튼튼한 다리를 만들었다. 겉모습을 보면 웃는 모습 외에는 딱히 눈에 들어오는 게 없다. 그녀도 인정한다. 그런데 묘하게 사람을 끌어당기는 향기가 있다.

친구의 남편은 직장에서 정년퇴직한 지가 삼 년쯤 되었다. 삼 년 동안 외출도 거의 없었다고 한다. 집안의 대소사도 아내에게 맡기고 하루에 두 갑씩 피우는 담배는 누운 자리에서 그대로 태운단다. 집안의 벽지도 노랗게 찌들고 방바닥과 이부자리마저 담뱃재에 구멍이 숭숭 이란다. 그뿐이 아니다. 시부모님과 자식 일도 모두 친구의 몫이다. 모르쇠로 일관한단다. 퇴직 전에 아무리 성실하게 가정을 건사한 남자라도 그쯤 되면 여자는 속이 터져 화병이라도 나야 할 일이다. 그러나 그녀는 누구를 만나든 환하게 웃는다. 지나는 사람마다 가리지 않고 미소를 지어주는 들꽃 같은 소박하고 겸손한 모습이다. 집안 사정을 잘 아는 친지나 친구들이 그 상황에서 웃음이 나오느냐고 할 때마다 그녀는 말한다. 누구든 그냥 있는 그대로 바라봐 주고 편안하게 해주다 보면 본인도 편안해져 그냥 웃음이 나온단다.

나는 생의 고통을 혹독히 치르고도 사랑하는 이에게 젖어 들지 못하고 있다. 그 사람이 내게 맞추기를 바랄 뿐이다. 얼마나 더 오랜 세월이 흘러야 있는 그대로 사랑하는 법을 터득하고 편안해질까.

며칠 전에 친구를 만났다. 반가운 소식을 전한다. 그녀의 남편이 회사 경비로 취직을 했단다. 더 반가운 소식은 담배를 끊었다는 것이다. 하회탈처럼 웃고 있는 친구가 그간의 마음고생을 털어놓는다. 결혼 이후로 견뎌야 했던 생의 환멸과 권태가 그녀에게는 유독 지독하게 왔다고 한다.

생활비도 건네받는 액수가 턱없이 적다 보니 오랫동안 스스로 벌어야 했다. 그런데도 남편 나름대로 무언가 생각이 있을 거라 생각하고 '짐 진 자들아 모두 내게로 오라'는 성경구절처럼 연민의 마음으로 끌어안았던 거다. 인내의 오랜 시간이 흘러 이제야 고요해진 친구가 존경스러웠다.

맑은 하늘이다. 산책을 나섰다. 산길에서 마주치는 들꽃들은 어젯밤 비바람에 옆으로 누웠다가 다시 일어나는 중이다. 모진 시간을 견디는 법을 스스로 터득하는 꽃들의 결연한 의지가 햇살을 탄다. 연분홍 메꽃 위로 화사하게 웃는 친구의 얼굴이 겹쳐진다. 한철 피었다 가뭇없이 지는 꽃 같은 인생인데 그녀는 사계절 당당하게 피어있는 인 꽃이었다.

2부

흔적

흔적

지독한 몸살로 밤잠을 설쳤다. 늦잠에서 일어나 서성거리다 무심코 창문 너머 숲을 봤다. 나무들이 헐벗을수록 바람은 숲을 지배하는 힘이 세지나보다. 앙상한 잔가지가 대책 없이 흔들리고 그 위로 흰 눈 몇 송이 날린다. 벽난로에 장작을 넣으며 겨울 숲의 적막과 마주한다. 수북이 쌓여 있는 낙엽은 나무가 한 해를 살아낸 흔적이다. 스산한 풍경 위로 바람 한 줄기 길을 내며 달린다.

흔적을 남기고 떠난 것들이 낙엽뿐이던가. 오늘도 지나면 내일이라는 흔적을 남기고 먼 훗날 어느 해 겨울날로 문득 그리운 날이 되어 돌아올 것이다. 풍화를 기다리는 낙엽에도 추억은 있으리라. 잎을 틔우던 봄날의 설렘, 비와 바람과 햇살에 반짝이던 여름, 가을날, 단풍의 향연이 그러했을 것이다. 눈발을 거두고 밝은 햇살이 여백의 숲 속으로 내려앉는다. 며칠 만에 온 청명한 날이 반갑다. 두툼한 옷을 입고 모자를 쓰고 집을 나섰다. 한해의 끝자락에 제대로 추위가 왔다.

길가의 마른풀 위에 잔설이 쌓여 있다. 언 땅에 맨몸을 누이고 제 이름도 지운 들풀들 속에 노란 민들레꽃이 활짝 핀 채로 얼어있다. 예년보다 포근했던 날씨가 꽃의 생사를 갈라놓았다. 가파르게 곤두박질치는 청춘의 죽음이다. 추위가 풀리면 꽃은 다시 소생할 수 있을까. 아련한 통증이 가슴을 누른다. 걸음을 멈추고 낮은 목소리로 돌아오지 못할 사람의 이름을 불러본다. '앤드류 보일 제임스' 아일랜드 청년인 그는 우리 가족에게 선명한 흔적과 사금같이 빛나는 추억을 남겨놓고 서른 살 꽃 청춘에 말기 암으로 떠난 작은사위다.

집안 곳곳에는 그의 짧은 생애의 한 부분이 고스란히 남아있다. 시한부 판정을 받고 딸과 함께 떠나면서 두고 간 모든 것들, 내가 받았던 네 장의 생일카드를 펼칠 때마다 그의 몸짓과 표정이 선명하게 떠오른다. '당신 생일을 축하해요. 나는 식사값을 지불하고 당신은 맛있게 드시오' 삐뚤빼뚤하게 쓴 카드를 들고 한달음에 달려와 자랑스럽게 내밀던 환한 모습이 어제 일 같다. 가족사진 속에서 웃고 있는 그가 떠났다는 게 현실로 받아들여지지 않는다. 아일랜드로 가서 그가 잠든 묘지를 확인하고 돌아와서도 마찬가지다. 금방이라도 '장모님, 배고파요' 하며 익살스러운 표정을 지으며 들어올 것 같아 수시로 현관문을 바라본다.

얼큰한 김치찌개와 매운 만두, 숯불에 구운 갈비를 잘 먹고 곰국은 뜨거운 국물을 후후 불어가며 한 방울도 남기지 않았다. 뚝배기 바닥을 보이며 얼굴에 흐르는 땀을 훔치던 그가 고추 부각을 튀겨 놓으면 영화를 보러 가면서 한 봉지씩 담아갔다. 팝콘보다 더 맛있다는 이유가 붙었다. 내가 책을 읽거나 글을 쓸 때 커피를 내려 슬며시 책상 위에 올려놓으며 씩 웃던 앤드류가 떠나고 나서 나는 숯불 피워 갈비를 굽지 않는다. 곰국도 끓이지 않고 고추 부각도 만들지 않는다. 툭툭 털고 일어날지도 모른다는 기대로 초가을에 만든 고추 부각만 식품창고 한쪽을 차지하고 있어 되도록 눈에 띄지 않게 구석으로 밀어 놓는다.

저무는 날들은 나에게 많은 흔적을 남겼다. 왠지 행복과는 점점 거리가 멀어지는 듯한, 위로받고 싶지만 딱히 누군가에게 하소연할 수도 없는 일들이었다. 때론 칠 년을 넘어서는 시부모의 병시중에 지치고, 각자의 삶에 바쁜 피붙이들과의 관계가 조금씩 벌어지는 서운함도 한몫했겠지만, 무엇보다 아끼고 사랑했던 앤드류와의 별리가 말문을 닫게 했다.

세상을 떠난 정인 생각으로 슬픔에 젖어 있는 딸을 바라보는 어미의 심정은 지금도 타들어 간다. 사랑은 지나가는 것이 아니라는 것을 안다. 사랑하는 사람은 사랑했던 과거의 사람이 아니다. 지금도 내 안에 남아 나를 울리는 사람이니 아픔을 흘려보내라는 말을 하지 못한다. 세월이 남들보다 열 배쯤 빨리 지나갔으면 좋겠다는 딸의 독백이 가시가 되어 심장에 박히면서도 내 청춘의 흔적이 그러했듯이 그들의 사랑했던 흔적도 희미해지길 기다릴 수밖에 없다. 자식의 상처가 아물기를 기다리는 일은 온몸의 진을 빼는 일이지만 떠난 이의 세상과 살아있는 이들의 세상이 다르다는 걸 딸도 알고 있으니 절망과 그리움에 욱신거리는 아픔이 오래가지 않았으면 좋겠다.

이제 나이테 하나 흔적으로 남기고 한 해가 여울진 강물처럼 흘러간다. 흐르는 것은 강물뿐이 아니다. 목숨도 사랑도 흐른다. 새로운 한 해가 온다는 것은 훗날 아프지 않을 추억을 만들어갈 기회가 온다는 뜻도 있을 것이다.

잎 떨군 나무들이 초연하게 한 해를 정돈 중인 산길을 걷는 사이 몸은 점점 따스해진다. 찬바람 속에 마주친 풍경들이 흔적을 남기고 떠났거나, 남기고 있는 저물지 않는 이름들을 불러온다. 모두가 그리운 날이다.

오래된 풍경

낡은 건물이다. 마당 가의 향나무가 굵은 몸통으로 지난 세월을 말한다. 페인트칠이 벗겨진 청색 기와지붕과 흰색의 외벽은 회색빛에 가깝다. 출입문 위에 나무로 된 작은 간판이 정겹다. 행운이나 양지. 향촌. 학이나 심지다방이라는 시골 정취에 걸맞게 이름을 붙인 것도 아니다. 상호가 그냥 다방이다. 주차장은 흙 마당이라 편안하다. 외관상 보이는 모든 것들이 순박해서 누구라도 안으로 들이는 데 인색함이 없어

보인다. 한적한 도로에서 우연히 발견한 다방은 그렇게 발길을 멈추게 한다.

처음으로 교차로 다방 문을 열고 들어갔을 때의 두근거림을 기억한다. 분 냄새를 앞세우고 중년의 남자들 곁에 앉아 농을 치던 한복차림의 가호마담과 짧은 스커트 아래로 미끈한 다리를 자랑하는 레지는 생소했다. 친구들과 수다를 떨고 음악을 들어도 눈길은 어느새 그들을 따라다녔다. 속없는 중년의 남자가 마담이나 레지를 옆에 앉히고 손을 잡으며 쌍화차나 커피를 사주는 장면을 보면 눈이 마주칠까 민망해서 고개를 돌렸다. 어느 날은 젊은 남자의 담배 피우는 모습이 하도 근사해 깜박 죽을 것 같은 사랑을 할 수 있다면 가슴 쓰린 이별도 겁나지 않겠다는 생각도 했다. 친구가 애인을 만날 때도 같이 가고 이별하는 날은 건너편 자리에 앉아 아픈 시간을 함께 겪기도 했던 곳, 젊은 날의 추억 한 페이지를 펼치면 낭만의 장소로 다방이 먼저 떠오르고 반가워지는 이유다.

다방(茶房)의 다자는 차를 뜻하는 한자어다. 차를 중시한 고려 시대에는 차를 관리하는 '다방'이라는 관청을 두고 나라 행사에 쓸 차를 준비했다고 한다. 조선 시대에도 차를 공급하면서 외국 사신들을 접대하는 일을 맡아서 했다는 기록이 있다. 고급 인재들이 관리하던 지체 높던 다방이 한때의 호시절을 보내고 변태업소라는 불운을 겪더니 세월의 흐름 속에 화려하게 변신했다. 카페를 거쳐 고급스러운 인테리어의 커피전문점으로 거듭났다. 어느 곳을 가던지 같은 상호의 똑같은 커피를 마시게 한다. 식사 후 커피 한 잔이 선택이 아닌 필수가 되어버린 사람들에게는 안성맞춤이겠지만 문학과 예술인들의 아지트 같은 낭만이 있는 곳, 요절한 천재 시인 이상이 운영하던 '제비' 같은 오래전의 다방이 그리운 건 나 뿐일까.

나는 오래된 것들이 좋다. 우리 집 소파는 이십 년이 넘어 가죽에 때가 묻고 갈라져 손님이라도 오면 민망하다. 가구도 그릇도 마찬가지다. 이십 년이 넘는 옷도 허다하다. 물건만이 아니다. 오래 사귄 사람이 좋은 건 서로 신뢰하고 늘 그 자리에 있어서이다. 한동안 적조하다가도 어제 만났다 헤어진 것처럼 스스럼없이 볼 수 있어 좋다. 사람도 물건도 쉽사리 헤어지지 못하는 것은 추억과 기억에 머무는 풍경들도 함께 버려질 것 같아서다. 그래서 어디서든 다방이란 간판이 보이면 오래전부터 사귀던 사람을 보듯 무작정 들어간다.

그야말로 옛날식 다방을 상상했던 실내풍경이 아니다. 시멘트 블록을 쌓아 그 위에 헌 집에서 뜯어낸 손잡이가 달린 문짝을 얹어 차탁을 만들었고 레자를 씌운 푹신한 의자가 아니라 중고품 식탁 의자가 생경스럽고 거슬린다. 테라죠(도끼다시) 바닥은 때가 끼어 제 색을 잃었으니 신발이 더럽다고 염려하지 않아도 좋다. 천장은 배관으로 어수선하고 장식 없이 시멘트가 그대로 보이는 벽은 민낯이다. 여러 개의 가로줄이 끊임없이 흔들리는 흑백텔레비전이 오래된 풍경을 강조하는 유일한 장식품이랄까. 의도적으로 꾸민 실내는 불편하고 어색하다. 쌍화차 대신 다양한 종류의 커피 값은 시내 중심가에서 마시는 것보다 높아 입에 맞지 않은 음식을 억지로 먹는 것처럼 속이 불편하다.

애당초 여유와 사색을 즐기거나 가호마담이나 레

지가 있을 거라고는 생각도 하지 않았다. 오랜만에 황금비율의 달달하고 구수한 커피를 머그잔이 아닌 커피잔으로 마실 수 있는 다방 풍류를 즐겨보자는 기대만 있었다.

테이크아웃처럼 종이컵에 담아주는 아메리카노가 기분을 씁쓸하게 한다. 옛 기억을 끌어내는 힘은 낡고 오래된 집과 물건들, 다방이라는 상호에서만 찾을 수 있는 시간이 만들어 낸 추억뿐이다. 마음 통하는 문우들과 함께여서 그나마 다행이랄까.

새싹

잔설이 쌓여 있는 마당을 서성이다 허리를 굽히는 순간 숨어있는 봄을 만났다. 새로 돋아나는 푸른 싹은 기적이다. 작고 여린 새싹은 비록 얕은 곳에서 태어나지만 헤아릴 수 없이 멀고 깊은 곳으로부터 왔다. 이별과 죽음의 끝에서 돌아와 온 힘을 다해 하나의 세계를 이루고 미래를 쌓아 올리는 생명은 경이롭다.

겨울과 봄의 경계에 서 있다. 정확히 말해 겨울 한복판으로 봄이 때를 노리며 치고 빠지기를 반복한다.

산하는 아직 메마른 나뭇가지의 갈색과 솔잎은 검은 녹색이다. 그 사이로 봄의 척후병처럼 초록빛이 눈에 띈다. 얼굴을 내민 상사화 새싹이다. 땅바닥에 바짝 붙은 돌나물도 해맑은 표정이다. 북서 계절풍이 강하고 남풍은 멀리 있지만 언 땅을 비집고 올라온 모습이 야무지고 대견하다. 성장과 희망의 계절이 다가온다는 것을 알려주는 상상화와 돌나물이 결연한 의지로 된추위에도 끄떡없이 버티고 있다. 가장 용감하게 들어서는 봄의 선봉장이다.

매년 이때쯤이면 이르다 싶게 싹을 밀어 올리는 상사화다. 구근을 나눠 심어야 번식을 하는 상사화와 달리 돌나물은 스스로 자리를 빠르게 넓혀가려는 속셈이리라. 겨울 속에서 선명하게 드러나는 삶이 대조적이다.

마당에 무더기로 올라와 있는 상사화 잎사귀에서 눈을 떼지 못하는 내게 문우는 꽃이 참 예쁘다며 구근을 여러 개 삽으로 떠서 봉지에 담아주었다. 잎이 자랄 때는 꽃이 피지 않고 꽃이 필 때는 잎이 흔적조차 없어 그리움과 이루어질 수 없는 모든 것을 대변

하는지라 마음이 쓰이던 꽃이었다. 몇 해 동안 번식을 시킨 덕분에 제법 무리를 이루는 우리 집 상사화는 잎도 일찍 올라오지만, 꽃대도 다른 곳보다 먼저 올라와 핀다. 연한 홍자색으로 낮에는 청순함을, 밤에는 고매함을 간직한 꽃 앞에 서면 나는 사랑의 종말이 아니라 사랑을 꿈꾸는 용기가 생기니 무슨 조홧속인가.

그와 달리 돌나물은 억척스럽다. 일부러 심지 않았는데도 어디서 왔는지 번식력이 왕성하다. 마디마다 뿌리를 내리는 강건한 식물체라서 특별한 보호도 필요 없다.

약초로 사용하지만, 독성이 있어 함부로 쓸 수 없는 상사화와 달리 참으로 만만한 먹거리다. 오월쯤 황색의 꽃이 피기 전까지 식용으로 사용해도 줄지 않고 제자리를 벗어나기 일쑤라 수시로 뽑아버려도 얼마쯤 지나면 보란 듯이 줄기가 뻗어있다. 습기가 많으면 무성하고 가물면 바닥으로 몸을 낮춰 때를 기다릴 줄 아는 참을성은 타의 추종을 불허한다.

두 꽃의 전설도 예사롭지 않다. 세속의 여인을 사랑

하다 상사병으로 죽은 스님 곁에 피어난 상사화의 전설은 안타깝다. 환난을 당해 불타버린 절터에서 목이 달아난 무두불(無頭佛)의 전신을 에워싸고 황색 꽃을 피워 마치 부처님 전신에 황금갑옷을 입힌 듯 했다는 이유로 신심 깊은 어느 중생이 불갑초(佛甲草)란 이름을 시주했다는 돌나물의 전설은 경건하다.

잔설이 녹기 전에 눈을 또 내릴 것이다. 그 위로 찬바람은 불어 고통의 시간이 지날 때마다 새싹들엔 내공의 힘이 생길 터이다. 눈치만 보던 봄꽃들이 앞다퉈 피어나 마침내 겨울이 끝난다는 따스함을 안길 무렵이면 상사화와 돌나물들도 무성해지리라.

해가 바뀌고 이제 첫 달의 꼬리만 남았다. 올해도 변함없이 삶의 회오리바람은 일 것이다. 그것이 오호츠크 해를 지나며 세를 불린 태풍만큼 강렬해진다 해도 여린 새싹들처럼 견디고 일어서야 한다. 성취라는 미명아래 영혼을 잠식하는 불안을 달래기 위해선 손익분기점을 따지지 않는 사랑도 함께 품어야 하리. 강추위를 견디는 상사화와 바닥에 납작 엎드려 때를 기다리는 돌나물이 인내를 가르치고 삶의 방향을 묻는다.

황소개구리

분위기 있는 곳에서 식사를 한다는 것이 좀 쑥스럽기는 해도 가끔은 호사를 누리고 싶을 때가 있다. 한껏 멋을 내고 좋아하는 사람과 마주 앉아 맛있는 음식을 먹는다는 것은 얼마나 행복한 일인가.

한적한 곳에 있는 레스토랑엘 갔다. 예전에는 넓은 들판이었지만 지금은 고속도로가 옆으로 지나가고 부근에는 거대한 공단이 들어서 있어 얼마 남지 않은 논밭이 고향에 대한 향수를 자극하는 곳이기도 하다. 유년과 꿈 많은 시절, 빛나던 아가씨였을 때의 추억이 고스란히 담겨있는 그리운 고향의 한 자락인지라 그곳에서 고향 사람을 만날 수 있다면 더욱 좋으리라 기대도 하면서 찾아간 곳이다.

후배가 경영하는 레스토랑이다. 머리 모양이 영화배우 율 브리너와 닮은 주인은 예전의 모습이 남아 있어 금방 알아보겠는데 문제는 주인이 나를 알아보질 못한다는 것이다. 하기야 처녀 시절에 보고 사십 년을 훌쩍 넘기고 만났으니 그럴 수도 있겠다 싶었는데 가만히 살펴보던 후배의 첫마디가 나를 절망하게 한다.

"혹시 명숙이 누나! 그런데 왜 그렇게 퍼졌어요? 얼굴도 넓적해지고 살은 왜 그렇게 쪘어요. 도대체 알아볼 수가 없잖아요."

웅덩이에서 굵고, 탁하게 울던 황소개구리 소리가 귀속이 먹먹해지게 밀려들어 왔다.

몇 년 전, 변하는 내 모습을 보다 절친한 친구에게 황소개구리라는 별명을 지어준 적이 있다. 너그러운 친구는 애꿎은 별명을 얻고도 화를 내기는커녕 너나

나나 똑같은 개구리라며 깔깔대고 웃었다.

나이가 들면서 턱살은 늘어지고 온몸의 지방이 허리 부근으로 몰려오더니 어느새 목소리까지 걸걸해졌다. 말하지 않아도 황소개구리 모양으로 변해버린 걸 알 수 있었다. 그뿐이 아니다. 중년을 넘어선 대부분의 여자들은 어찌 그리도 식성이 좋은지 예를 갖춰 좀 사양할 때도 있었으면 좋으련만 가리는 음식이 별로 없다. 변해버린 여자들도 처녀 때는 요조숙녀였을 터인데 아마도 군자다운 군자를 만나지 못해서 그러한가 보다. 나는 아직 가리는 음식이 많아 보신탕이나 염소탕도 먹지 못하고 장어도 먹지 못한다. 그런데도 똑같은 황소개구리다. 만나면 거울을 보는 것 같아 서로 황소개구리 같다고 놀려대며 눈물이 나도록 웃는다. 상상을 해보시라. 음식에 욕심이 많으니 입은 커지고 배는 허리를 돌았다. 먹고 앉아 수다를 떠는 게 좋지, 힘들게 운동하고 싶지도 않다. 살이 쪄 덩치는 커지고 팔다리는 가늘어질 수밖에 없다. 그런 내가 후배의 말이 새삼스러울 것도 없건만 분위기 있는 레스토랑에 앉아있으려니 주위에 있는 젊은 사람들과 비교되고 주눅 든다. 동행한 사람에게도 민망하다. 아무리 멋을 낸다 한들 황소개구리 몸매가 버들가지처럼 낭창거리겠는가. 나도 모르게 한숨이 쉬어진다. 양손에 쥐고 맛있게 음식을 먹던 포크와 나이프를 슬그머니 내려놓았다.

세월을 막을 수 있는 육체를 가진 이 누구인가. 이순을 훌쩍 넘겨 놓고도 아직은 중년이라고 억지를 부리는 별수 없는 사람이 나다. 그러면서 지나치게 젊음에 집착하는 사람이 여기저기 성형하는 걸 보면 무슨 해괴한 일이냐고 비난하면서도 돌아서면 혹여 나도 손 좀 보면 젊어지고 예뻐지지 않을까 한다. 허나 바로 고개를 흔든다. 이 나이에 날씬하고 예뻐지면 뭐 할 것이며 더욱 마음에 걸리는 것은 돈이 아까워서 못한다. 그냥 황소개구리로 살자고 포기한다. 그러면서 미용실에 앉아 시간이 오래 걸리는 파마를 할 때 여성잡지의 성형 광고를 남몰래 눈여겨보는 건 아직도 미련이 남아 있다는 거다.

젊은 날은 젊음만으로도 화려했었다. 두려운 것이 없으니 겸손하지도 않았었다. 지금의 나는 외면은 초라해졌다. 그러나 깊이 있게 생각할 줄 안다. 삶 속에 녹아있는 외로움과 사랑이 무엇인지도 안다. 추억을 가꿀 줄 알고 고독의 의미를 알고 있다. 다만 익지 않은 영혼으로 내면에서 우러나오는 진정한 사람의 향기가 부족하다 보니 멀리 갈 수 없다. 개구리처럼 우물 안에서만 뛰고 있어 고민할 뿐이다.

안부

캄캄 무소식이란다. 몇 번 전화를 해 봤는데 받지 않는 것을 보면 이 세상 사람이 아니지 싶단다. 애들은 왕래가 없었으니 연락처도 모를 것이라며 애를 태우시더니 찾아가 확인을 해야 한다면서 두어 달 전부터 벼르던 외출이다. 하나뿐인 외사촌 동생의 소식이 몹시 궁금하신 아버지를 따라 어머니와 작은아버지께서 동행하셨다.

내판으로 가는 길은 봄별이 내려앉아 반짝거린다.

누운 풀들의 떡잎을 비집고 엷은 초록 새싹들이 생명의 소식을 알리고 있다. 그곳으로 향하는 목적은 무거웠으나 들판의 풍경이 팔순을 훌쩍 넘기신 부모님과 팔순을 향하는 작은아버지의 쇠잔해지는 기력에 생기를 불어넣어 주는가 보다. 초행길인 내게 앞자리에 앉은 작은아버지와 뒷자리에 앉으신 아버지가 동시에 방향을 가르쳐 주시는 목소리에 힘이 들어가 있다. 두 분이 어릴 적부터 드나들던 외가 동네를 향하는 길이니 동심으로 돌아가 설레셨는가 보다.

집 앞에 차를 세우자 아버지가 먼저 하신 일은 대문 옆에 걸려 있는 우체통을 확인하는 일이다. 거기에는 진외당숙의 이름이 선명하게 적혀있는 우편물이 들어 있었다. 반가운 마음에 현관문을 열고 기척을 해보나 집안에는 아무도 없다. 동네를 서성이다 어느 청년을 만나 진외당숙의 안부를 물었다. 살아계신다고 한다. 만약에 이 세상 사람이 아니라면 산소라도 가봐야 한다며 나선 길인데 아버지의 긴장했던 얼굴에 안도의 빛이 스민다. 진외당숙은 멀리 출타 중이라 내일이나 돌아온다고 한다.

아버지는 청각이 좋지 않아 보청기를 사용하신다. 대화를 할 때면 조금 큰소리로 해야 되고 시끄러운 곳에서는 더 안 들린다고 하신다. 아버지께 안부 전화를 드릴 때 목소리의 톤을 조절하고 말을 정확하게 천천히 해야 한다. 그래야 잘 들으신다. 진외당숙도 소리를 잘 들을 수 없어 전화를 받거나 거는 것도 자유롭지 못하다고 했다. 서로의 안부를 주고받지 못했던 이유는 두 분의 청각이 문제였을 터이다.

오랫동안 소식 없는 친구의 안부가 문득 궁금해질 때가 있다. 전화를 했을 때 받지 않으면 다시 전화하기가 어색해진다. 부재중 전화가 확인될 텐데도 연락이 없으면 섭섭해지는 마음이 앞선다. 누군가와 소통해야 할 때조차 무슨 오기인지 고집을 부린다. 아무리 가까이 지냈던 사람이라도 그 사람이 먼저 소식을 전해 올 때를 기다리기만 한다. 상대방의 상황이 어떠한지, 잘 지내고 있는지 몹시 궁금하긴 해도 나서지 않는다. 그러다 보면 일 년이 지나고 이 년이 지나 기다리는 나만 서먹해지곤 한다.

아버지가 외사촌 동생의 안부를 걱정하는 마음은

윗사람보다 아랫사람이 먼저 찾아와야 한다는 고정관념을 버리신 겸손과 양보의 따뜻함이다. 나는 고집 세고 마음 그릇이 작아서인지 인색하게 했다. 어쩌면 내 소식을 궁금해하지 않는 이유가 혹여 나를 탐탁지 않게 생각하고 있을지도 모른다는 열등감 때문인지도 모르겠다. 아버지께서는 당신과 인연이 닿은 사람들에겐 언제나 진정한 마음으로 먼저 안부를 묻고 좋은 소식만 전하신다. 그게 당신 삶의 방식이다.

사람이 행복한 것은 그리운 곳과 보고 싶은 사람이 있기 때문이다. 다정하게 안부를 묻는다는 건 고향 같은 푸근함일 것이다. 누군가는 내가 해주는 안부의 말을 간절히 바랄지도 모른다. 소식을 기다리는 일이란 대체로 진을 빼는 일이지 않은가.

늦었지만 가까운 이들에게 따뜻한 안부를 물어야겠다. 잘 지내느냐고, 별일 없느냐고, 나는 그대가 보고 싶은데 나 보고 싶지 않으냐고.

잘 가고 있어

마음이 푸른 모든 이의 달이라는 푸른 달 오월에 두 번의 여행을 다녀왔다. 초순에는 초등학교 여자 동창 네 명이 중국의 황산과 삼청산을 다녀오고 중순에는 옛적 직장동료들과 섬 여행을 다녀왔다. 늘 좇기 듯 종종거려야 하는 날들을 밀어놓고 등짝을 짓누르던 삶의 짐도 벗어 놓고 나 몰라라 떠났다. 중국에선 황산의 장엄한 풍경보다 더 깊은 인생의 눈물과 무던한 마음을 들여다보고 섬 여행에선 애잔한 삶의 여정을 뒤돌아보았다.

황산으로 떠나는 날 아침에야 갈아입을 옷만 대충 챙긴 나와는 다르게 친구들은 아주 꼼꼼하게 준비를 해왔다. 간식거리와 함께 비상약도 골고루 챙겨온 덕분에 여행지에 도착한 다음 날 새벽부터 몸살감기에 구토까지 하는 나는 그들의 약을 모조리 먹고도 비실거렸다. 빡빡한 일정 틈틈이 먹을 것을 건네주며 나이 들수록 건강이 제일이라고 몇 번이나 강조하는 친구들을 보며 가슴이 뭉클하기도 했다.

이젠 속내를 드러내도 부끄럽지 않은 나이다. 하루 일정이 끝나면 피곤해도 한방에 모여 앉아 수다를 떨었다. 그동안 살아온 이야기보따리가 풀어지면 너나없이 힘들었던 과거에 고개를 끄덕이고 눈시울을 붉힌다. 나만 힘들게 살았다고 생각했던 것이 미안하기도 했다.

"그렇게 힘들었구나, 어떻게 견뎠니!"

이야기 끝에 우리는 서로를 위로했다. 그래도 참고 살기를 잘한 거라고, 아이들도 잘 커서 제 몫을 하고 있으니 그것만 해도 성공이라고 다독였다. 숙연했던 시간이 지나고 다시 웃음소리가 커지게 한 건 건망증이었다. 한 친구가 냉면이 아주 맛있는 집이 있다며 청주가면 꼭 사준다고 한다. 어디에 있는 곳이냐고 물었다. 장소를 아주 정확하게 말하며 정말 맛있는 집이라고 다시 한 번 강조한다. 그 순간 우리는 서로 얼굴을 바라봤다. 그리고 배가 아프도록 웃었다. 그 집은 며칠 전 우리 넷이서 함께 갔던 집이었다. 친구는 우리와 함께 갔던 일을 까맣게 잊은 것이다. 이어서 다른 친구가 조용하게 말을 한다.

"물 남았어?"

"왜, 모자라!"

"물만 마셔버렸네."

웃음보가 다시 터졌다. 내일의 일정도 힘들 거라며 한 친구가 비타민 한 알씩을 나누어 줬다. 우리는 비타민을 입에 넣고 물을 마셨다. 물을 따라준 그 친구는 약은 손에 놔두고 물만 홀짝 마셔버렸다. 찰나의 건망증이다. 소설보다도 생의 끈적한 연민이 함께 하는 순간이었다. 혼자라면 심각했겠지만 비슷한 처지의 친구들이 함께여서 큰 웃음소리를 낼 수 있다는 것이 다행스러웠다. 말은 안 해도 우리들 앞에 다시 커다란 산이 놓여 있음을 스스로 느끼고 있었다.

그동안 얼마나 많은 산을 넘어 여기까지 왔던가. 지난날보다는 평탄한 길을 걸을 수 있을 것이란 기대가 다시 허물어지기 시작한다. 가족이나 타인으로부터 받는 부당함보다 세월의 무게가 내 몸을 무너져가게 하고 있다. 늦은 밤, 잠자리에 드는 친구들의 뒷모습이 어둠에 덮이는 섬처럼 외로워 보였다.

푸름이 짙어졌다. 나뭇잎들은 햇볕을 받아 반짝거린다. 저 나무들도 한생을 살면서 잘리고 상처 입을 터이다. 그래도 있는 그대로 아름답다. 사람도 그러하리. 가족이라는 이름으로 던진 돌덩이마저 운명처럼 끌어안고 견디며 숱한 상처와 눈물을 삭혀왔다. 그 상처를 잘 익히면 향으로 그윽해질까.

'친구들, 우리는 삶의 길을 잘 가고 있는 거야. 지난 삶에 비하면 그깟 건망증이야 별 것 아니지. 이기면 되지, 험준한 산자락마다 거뜬하게 넘어왔잖아.'

어느 봄날

문자가 왔다. 날숨과 들숨이 길어진다. 마당으로 나가 문자를 다시 확인해봤다. 두 번 본다고 달라질까. 애써 태연한 척 마당에서 서성인다.

어제보다 부드러워진 풍경 위로 아침 햇살이 내려앉고 있다. 성큼 다가온 봄은 나아갈수록 확연하다. 표정은 수줍어도 발걸음은 거침이 없어 곳곳에 제 발자국을 남긴다. 초록색의 발자국, 봄은 그렇게 걸어오고 있다. 계절의 변이를 실감하는 요즘, 부드러운 훈풍이 스치고 지나간 잿빛 대지는 예외 없이 생명의 기운이 꿈틀대며 고개를 내민다.

마당을 한 바퀴 돌다 보면 마음을 다스리기엔 이보다 좋은 게 없지 싶다. 누런 잔디 속에서 파랗게 올라오는 잡초들도 반갑다. 들쑥날쑥하게 상사화가 무더기로 올라와 세상 구경하는 것을 바라보고 있으면 마치 유치원생들처럼 천진스러워 보인다. 아직 찬 바람은 옷깃을 여미게 하지만 나무마다 움이 돋아나 있다. 생명이 있는 것들과 교감하는 일은 마음을 평화롭게 한다는 것을 산속 동네로 이사 와서 알았다. 봄의 풍경들이 잠시 삶의 어둠을 사라지게 한다. 평상시처럼 마지막으로 장독뚜껑을 열어놓고 집안으로 들어왔다. 다시 마음 위로 서늘함이 내려앉는다. 천 길 낭떠러지 앞에서 거센 바람에 맞서보지 않은 사람이 몇이나 된다고 그랬을까.

부고를 알리는 문자는 아무 일도 할 수 없게 만들었다. 장례식장으로 가는 길을 멈칫거리게 했다. 스스로 세상을 버린 친구의 영정 앞에 고개를 숙이는 것조차 미안하다. 벼랑 끝에서 다시 한 번 뒤를 돌아볼 여유조차 없었던 것일까. 자신만 힘든 삶이라 생각하고 떠날 준비를 했었나. 누구나 한두 번은 밑바닥으로 떨어진다. 더 이상 추락할 곳이 없으면 다시 바닥을 딛고 올라올 용기가 생긴다. 고된 바람으로 심신은 고통스럽게 흔들리겠지만 그 친구도 이겨내고 다시 일어서리라 기대했었다. 지금 우리는 모든 일에 움츠러드는 나이가 되어있다는 것을, 그래서 그 친구도 실패한 사업을 다시 일으켜 세우기엔 역부족이었다는 것을 알면서도 지켜만 봤다. 경제적인 어려움 속에서 가까운 이들과의 갈등도 벼랑 끝으로 미는데 한몫했을 터다. 그 앞에서 얼마나 절박하고 외로웠을까. 아픈 마음으로 장례식장에 모인 친구들은 하나 같이 말이 없다. 따뜻하게 손잡아 주지 못한 죄책감에 술잔만 오고 갈 뿐이다.

이젠 우리의 곁을 떠나는 친구들이 늘어간다. 치유될 수 없는 병으로, 또는 사고로 본인의 의지와는 상관없이 이 세상을 떠나갈 수밖에 없었을 때는 단념하기가 조금은 수월했다. 이렇게 어이없는 일이 생기면 충격은 예상외로 커서 안정을 찾는데 많은 시간이 소요된다. 인생길이 살얼음판을 건너는 것처럼 더욱 움츠러드는 걸 부인하지 못한다.

나는 원하지 않은 길에서 좌절과 절망의 시간을 견딜 때 마음도 영혼도 하염없이 아팠다. 그래도 낙오의 쓴잔을 되작이던 시간은 결국 지나갔다. 모질게 시달리면서 강인해지는 게 사람이라 여겼다. 이마 푸르던 시절에는 그렇게 생각했다. 이젠 견디기엔 시간이 부족하다는 걸 안다. 그 친구에게 이런 시련이 좀 더 일찍 왔더라면 아마도 씩씩하게 다시 일어섰을 것이다.

나의 불편한 심기에도 불구하고 봄은 하루가 다르게 더 많은 발자국을 남기고 있다. 자연은 지독히도 무심해서 무정하고 매정하다. 단지 인간이 유정해서 아름다운 것이 사무치고 때로는 슬픈 것인가 보다. 다정했던 친구의 추락과 소멸이 아깝고 안타까운 봄날이다. 그가 남기고 간 슬픔과 남아 있는 아쉬움은 쉽게 부식되지 않을 듯싶다.

들꽃

아침 안개가 자욱하다. 여름 동안 낯익었던 풀들의 몸 색깔이 변하고 있다. 단풍은 서서히 물들기 시작한다. 먼저 떨어진 나뭇잎은 초록색을 더 많이 지니고 있어 빠른 이별이 서러워 보인다.

들길 곳곳에는 무리 지어 있거나 홀로인 풀들이 안개 속에서 꽃을 피우고 있다. 타인의 손에 의해 한 곳에 뿌리내려 안주할 수 없는 서러운 삶이지만 한 송이 꽃을 피우기 위해 질긴 목숨 줄을 쥐고 때를 기다렸으리라.

밟히고 밟혀도 어느 순간 새싹이 돋는 질경이와 줄기만 땅에 닿아도 뿌리를 내리는 개여뀌는 베어내고 뽑아도 어느새 도도하게 꽃을 피우고 세상을 바라본다. 끈질긴 생명력의 경이로움과 애잔한 마음을 갖게 하는 그들이지만 여름에 피어나는 들꽃은 아름다움보다는 사람의 노동을 증가시키는 잡초일 뿐이다.

가을로 접어들면서 곡식 익어 수확할 시기가 되면 잡초에 대해서도 너그러워지는 것 같다. 그 시기를 틈타 숨죽이고 있던 풀들이 일제히 꽃을 피우기 시작한다. 하늘을 향해 꼿꼿이 줄기를 쳐들고 있는 들꽃의 단단한 것 같으면서도 손끝을 대보면 금시 소멸해 버릴 것 같은 순결한 꽃봉오리, 어떻게 거기 그러한 빛깔이 숨어 있는지 놀랄 수밖에 없는 아름다운 꽃잎, 열흘을 꽃 피우기 위해 뿌리로만 버티고 서서 눈물겹도록 유한한 삶을 지탱하고 있었다.

잎사귀가 들깻잎을 닮은 보랏빛 꽃향유가 무리지어 피어 진한 향기를 바람에 날린다. 예쁜 복주머니 같은 꽃잎을 매달고 있는 물봉선화도 한 무더기 피어 있다. 구절초는 흰 꽃잎에 노란 꽃술을 야무지게 내밀고 하늘을 향해 미소 짓고, 쑥부쟁이의 애련한 자태는 이룰 수 없는 사랑의 아픔이련가, 가늘고 긴 꽃대와 연보랏빛 꽃잎이 바람에 흔들릴 때마다 눈물짓는 것 같아 마음이 서늘하다. 길옆으로 떼 지어 피어 있는 고마리 풀꽃은 흰 바탕에 붉은빛이 감도는 작은 별사탕 모양으로 꽃이 뭉쳐서 피어나 안개 속에서 별처럼 반짝거린다. 그들을 바라보면 꽃을 피우기 전의 강인한 모습은 간데없고 소박하고 겸손함만 돋보인다.

안개가 자욱한 날 아침에 마주치는 들꽃의 아름다움은 사람의 마음에 감동을 준다. 화려한 조화보다는 황량한 벌판에 외롭게 핀 한 송이의 들꽃이 더욱 감동적인 것도 이 때문이다. 아름다움의 감동 뒤에는 꽃을 피워 씨앗을 맺기 위해 고난의 봄과 여름을 견뎌온 들꽃의 처절하고도 슬픈 여정이 꽃잎마다 맺혀 있는 듯 다가온다.

"나는 그 집안의 잡초 같은 존재였어. 수시로 뽑혀 던져져도 어찌나 질긴 운명인지 그 자리에서 또 살아지더라고"

노환과 치매 증상으로 요양원에 입소하신 시어머니를 만나러 갈 때마다 옆에 있는 할머니가 새로운 소식인 양 내게 해주는 얘기는 늘 같았다.

스물다섯에 아이도 없이 과부가 되었단다. 어느 날 남편의 친구에게 겁탈을 당하고 씨앗 하나 생겼다고 했다. 원하지 않는 자리로 옮겨지고 길가의 질경이처럼 밟히고 밟히는 삶이 시작되었다고 했다. 애아버지는 모른 체하고 본댁에게 마음의 노동을 증가시켰다는 이유로 몇 번이나 뿌리째 뽑혀 말라가도 씨앗을 품어 안고 싹을 틔워 한 송이 꽃을 피우려 죽은 듯이 살았던 세월이었단다. 어떠한 역경 속에서도 자식만큼은 지켜내기 위해 타고난 운명에 적응하며 주어진 생의 보전을 묵묵히 실천하였던 질기고도 한 많던 그분의 삶은 들풀이었다.

"할머니께서는 고생하셨지만, 따님은 훌륭한 사람이 되었잖아요."

요양원에서 가끔 마주치는 그분의 딸은 박사라고 했다. 대학에서 학생들을 가르친다고 말할 때 할머니의 표정은 구절초의 흰 꽃잎처럼 하늘거렸다. 남의 밭에서 잡초처럼 평생을 모질게 살았어도 그때만큼은 향기 짙은 들꽃 향이 났다.

생명이 있는 모든 것들은 어려움을 겪고 좌절해도 다시 일어선다. 난관에 부딪치는 과정에서도 꽃을 피우고 씨앗을 맺고 있으니 얼마나 대견하고 아름다운 삶인가.

삶의 두려움에 주눅 들지 않고 꿋꿋이 견디는 것은 내일에 대한 기다림과 희망이 있기에 가능하다. 들풀의 삶이 순리에 순응하며 자연의 섭리대로 철들어가는 삶을 깨닫게 해준다.

물기 젖은 들꽃 위로 안개를 헤치며 아침 햇살이 쏟아진다. 황홀한 풍경은 들길을 걷는 발길조차 멈추게 한다.

내 안의 남자

"내 안에 남자 있나 봐요."

느닷없는 말이다. 잘못 들었나 했다.

그녀는 분명 여자다. 남편도 있고 자식도 삼 남매를 두었다. 긴 머리를 멋스럽게 똥 머리로 틀어 올렸다. 화장도 곱게 하고 다닌다. 글을 써서 책도 발간하고, 서예도 열심히 쓰면서 어느 사찰의 합창단에서 고운 드레스 입고 노래도 부른다. 그 말을 듣고 의심하는 부분은 있다. 남자보다 더 의리가 있고 풍물을 배워 거리공연에 열심히 참여한다는 것이다. 그동안 성전환증 환자인 것을 숨겨온 것인가. 육체적인 성과 정신적인 성이 불일치했다면 그동안 얼마나 힘들었을까. 내면의 남성성이 강해서 남자가 하는 직업을 선택해 성공한 것인가. 생각이 복잡해졌다.

삼 년 전, 그녀가 뻥튀기 장사를 시작하겠다고 했을 때 설마 했다. 그것도 작은 트럭을 끌고 다니면서 지역의 장날이나 장사가 잘될만한 동네를 찾아다닌다 했다. 여자가 트럭을 몰고 다니며 뻥튀기 장사하는 것을 본 적이 없는지라 하필이면 노상에서 하는 일을 하려느냐고 물었다. 속으로는 그냥 하는 말이겠지 했다.

그녀는 씩씩하게 트럭 위에 기계를 설치하고 장사를 시작했다. 쌀이나 강냉이 등을 튀겨주는 것이 아니라 동그랗게 나오는 뻥튀기를 탁탁거리며 트럭 위에서 튀겨 팔았다. 시장 한쪽에 자리를 잡고 장사를 시작하면 주변 상가 주인이나 다른 노점 상인의 텃세에 밀려나기 일쑤였어도 돈 모으는 재미가 쏠쏠하다했다. 일 년이 지나자 모은 돈으로 시장 안에서 제

법 큰 가게를 얻었다. 뻥튀기만 파는 것이 아니라 직접 강정도 만들어 가며 품목도 늘려갔다. 이젠 시장 안에서 맛 좋은 뻥튀기를 파는 집으로 소문이 나서 단골도 많다. 그런데 쌀도 튀기고 강냉이도 튀기는 진짜 뻥 소리가 크게 나는 기계를 설치했단다. 손님들이 가져오는 쌀과 강냉이, 말린 흰 떡 등을 튀긴다고 했다. 가게에 들를 때마다 그녀의 차림새는 항상 깔끔하고 우아한 모습이어서 향 좋은 차 한 잔 탁자 위에 놓고 독서삼매경에나 빠져 있을 여인만 같다. 기계 옆에 서 있는 아이들에게 귀를 막게 하고 '뻥이요' 외칠 여인으로는 도저히 어울리질 않는다.

그녀에게도 풍파는 많았다. 여자로서 받는 아픈 상처들이 견디기 힘들어도 내색 없이 속으로만 삭였다. 억울해서 죽을 것 같았어도 이해하고 용서하려 끊임없이 노력했다고 했다. 어려운 고비가 생겨도 자신의 이득을 위해 사람과의 의리를 버리지 않았다고 했다. 인내심은 그녀를 일으켜 세우고 새로운 도전을 하게 만들어 만족할 만큼 성공했다. 그녀의 여성성은 남성보다 모든 면에서 우월했다.

요즘은 남성과 여성의 정체성이 모호하다. 그걸 따지려 들다간 본전도 못 찾을 만큼 고정관념이 사라졌다. 남자가 아이 키우고 살림하는 것은 다반사고, 여자도 남성 위주의 직업전선에 포진해 있다. 세태가 변해가니 당연한 일이다. 정체성은 모호해졌어도 남자는 남자다워야 하고 여자는 여자다워야 한다고 강조하는 내 생각이 고루한 것일까. 아무리 직업의 경계를 넘나든다 해도 무엇 보다 변하지 말아야 할 것은 사람과 사람의 관계를 깨지 말아야 할 곧은 심지가 있어야 한다. 그런데도 의리를 모르는 비열하기 짝이 없는 남자가 있고 그에 못지않은 여자도 있어 한심하고 측은하기까지 하다.

'내 안에 남자가 있는가 봐요.' 하던 그녀는 오늘도 여성 안에 잠재된 남자의 기질을 발휘해 씩씩하게 뻥튀기 기계를 돌리고 있을 것이다. 누구보다 더 단단한 심지가 박혀있는 그녀의 모습이 봄날의 햇살보다 더 눈이 부시다.

불청객

한 달여 만에 떠났다. 반갑지 않던 객이라 하루라도 빨리 가주기를 바랐지만 무슨 미련이 그리 많았는지 남겨 놓은 흔적이 많다.

유별난 손님이었다. 단 일초도 나에게서 떨어져 주질 않았다. 사사건건 간섭도 심해 내가 하는 일에는 무조건 트집이었다. 외출하는 일도 쉽지 않았다. 먹는 일, 자는 일, 즐기는 반신욕 하는 것까지 방해를 했다. 영혼까지 갉아먹으려 드는 불청객의 말도 안 되는 지독한 집착의 부위가 날이 갈수록 점점 커져 갔다.

처녀 시절, 나는 참으로 달콤한 꿈을 꾸었었다. 진정으로 사랑하는 사람을 만나면 그 사람이 내 모든 일을 간섭해주길 바랐었다. 내가 그 사람에게 젖어들어 원하지 않는 일은 하지 않을 것이며 혹여 그의 눈길에서 벗어나는 일을 하게 된다면 잔소리를 듣는 일도 행복하리라 생각했었다.

처녀 적 꿈대로 결혼하자마자 남편은 모든 일에 간섭했다. 대중목욕탕을 가도 두 시간이 넘으면 늦게 온다고 잔소리하고 시장을 갔다 와도 왜 그리 시간이 많이 걸리느냐고 잔소리를 했다. 친구들과 모임도 달가워하지 않았다. 오로지 자기가 원하는 일만 하고 자기만 바라보길 원했다. 곁에 있던 친구들이 모두 결혼하고 혼자 남겨져 있을 때 늦은 나이에 한 결혼이었다. 중매결혼이라서 살다 보면 정들려니 했다. 서로의 성격을 제대로 파악도 하지 않은 상태에서 하는 간섭이 달가웠겠는가. 남편은 사랑이라 하고 나는 불편한 집착이라 했다. 자유를 박탈당하니 내가 없었다. 반지르르하던 얼굴이 물기가 말라 버석거리는 것은 당연한 일이었다. 돌아보면 참으로 헛웃음이 나오는 그야말로 헛꿈을 안고 결혼을 한 것이다. 그 꿈이 깨지는데 많은 시간이 필요치 않았음을 부인하지 않는다. 헌데 불청객은 남편보다 더욱 간섭이 심해 체중까지 줄게 했다.

손님은 내게 오면서 미리 은밀하게 살짝 기별을 보내왔다. 청한 적이 없는데 내가 한번 와 주십사 했다고 예의를 갖춘 것이다. 그의 억지에 기가 차고 말문이 막혔다. 혹시 나 몰래 남편이 오라고 한 것은 아닌가, 밤낮으로 남편을 살펴보면서 의심했다. 늙어가면서 아직도 못된 버릇을 고치지 못했나. 정말 황혼이혼을 당해봐야 정신을 차릴 것인가. 밥상도 차려주기 싫고 얼굴을 마주 보는 것도 싫었다.

불청객이 들이닥치기 며칠 전이었다. 늘 그래왔듯이 새벽잠이 없는 남편이 살며시 현관문을 열고 나가는 기척이 들렸다. 한참 만에 돌아온 그의 손엔 보따리가 들려있었다. 취나물과 다래 순, 그리고 두릅 순 등 여러 가지 산나물이 가득 들어 있었다. 아침 식사를 준비하면서 두릅을 삶아 맛있게 무쳐 밥상에 올렸다. 밥보다 반찬을 먼저 먹는 습관대로 나는 두릅을 한 젓가락 입에 넣었다. 두세 번 씹었는데 식감이 아주 좋았다. 두릅나물이 이렇게 맛이 좋지 않았는데 생각하는 그 순간 남편은 말한다.

"그거 옻 순이야."

어찌 그리 활짝 핀 두릅 순과 닮았을까, 얼른 뱉었지만, 고약한 방법으로 기별을 보내온 지 이틀 후였다.

손가락 사이와 손등, 손목에 좁쌀만 한 물집이 생기더니 온몸에 돋아나 몹시 가렵기 시작했다. 처음엔 대수롭지 않게 생각해서 집에서 피부연고만 발랐다. 사흘이 지나도 가라앉지를 않고 더욱 심해졌다. 식욕이 떨어지고 외출도 하기 싫었다. 뜨거운 물에 반신욕을 하면 나아질까 해도 마찬가지였다. 날씨는 더워지는데 짜증이 나다가 덜컥 겁이 났다. 결국 피부과를 향했다. 증상을 살펴본 의사가 말한다.

"요즘 뭐 만진 것 없어요?"

살림하는 여인네가 만지는 것이 한두 가지인가. 참으로 별난 진찰이다 하는 순간 옻 순이 생각났다.

"먹지 않고 금방 뱉었는데요."

"옻이 올랐습니다. 오래갑니다. 주사 맞고 처방전 받아 가세요." 보기 싫어 반찬도 두어 가지 빼놓고 밥상을 차려줬던 남편에게 슬그머니 미안해진다. 불청객은 두어 번 씹었다는 이유로 내 몸 곳곳에 흉한 모습을 남겨놓고 떠났다. 음식도 사람도 함부로 씹을 일 아니다.

3부

소나기

소나기

더블린의 오래된 거리를 걸었다. 도심 속이지만 하늘은 구름 한 점 없이 푸르고 공기는 청정하다. 모든 건축물은 옛것들의 높이에 맞춰져 있어 오층을 넘어서는 건물이 없다. 정갈하고 편안한 분위기는 햇것보다는 묵은 것에 집착하는 나를 중세시대로 데려다 놓는다. 아득한 과거가 현재와 공존하는 도시는 걷고 걸어도 지치지 않았다. 변덕스러운 날씨가 흠이라는 말도 귓등으로 흘려보내게 할 정도로 마주치는 모든 것들이 신비롭다. 발길 닿는 곳마다 자연은 신의 영역이지만 문명은 인간의 영역이라는 것을 실감하게 한다.

5세기에 건립한 '세인트패트릭 성당' 안에는 걸리버 여행기로 유명한 조나단 스위프트와 그의 연인이 잠들어 있다. 마치 과거로의 시간여행을 하는 착각에 빠지게 한다. 1030년, 노르만의 지배하에 목조건물로 지어져 현재는 석축으로 보수한 '클라이스트처치 성당' 안에는 헨리 8세 시대의 의상을 그대로 보존하고 있어 더욱 더 놀라웠다. 헨델이 메시아를 처음 연주했다는 1095년에 건립된 '성 미칸 교회' 안의 오르간 앞에서는 귀에 익은 합창곡 '할렐루야'가 장엄하고 엄숙하게 들려왔다. 순간, 그들의 영혼과 하나가 되는 듯 전율했다. 신자가 아니라도 신 앞에 무릎을 굽히고 싶은 충동이 일었다. 천 년 전, 그들의 예술에 대한 열정과 혼을 느낄 수 있는 비현실적인 장소와 시간 속에서 감동은 또 다른 감동을 쉬지 않고 불러왔다.

교회를 나와 작가박물관으로 향하는 중이다. 갑자

기 맑은 하늘에서 소나기가 내린다. 급하게 어느 카페의 처마 밑으로 들어섰다. 당황스러웠다. 아침의 맑은 하늘을 믿은 게 잘못이다. 한껏 부풀었던 감동이 비와 함께 잦아들었다. 소나기란 잠시 내리다 말 비인데도 언제쯤 그칠 것인가. 조바심하는 나와 달리 거리의 많은 사람들은 대수롭지 않게 그냥 비를 맞으며 티셔츠에 부착된 모자를 쓸 뿐이다. 우산을 펴든 사람은 손가락을 꼽을 정도다. 비를 맞아도 가던 길을 서두르지 않는다. 우산 없이 거리에서 비를 만나면 그 시간만큼 일상을 정지시키고 몽상에 빠져드는 나와는 확연하게 달랐다. 거친 바다와 척박한 땅에서 삶을 영위해야 했던 선조들의 강인함이 아직 남아 있어서 온몸으로 맞는 소나기쯤은 대수롭지 않은 것인가. 아니면 낙천적인 켈트족의 후예라서 자연현상 일부로 받아들이고 즐기는 것인가.

열여섯의 여름, 어느 날이었다. 학교 수업이 끝나고 통학 열차를 타자마자 소나기가 세차게 내렸다. 열차 난간에 기대서서 바람에 밀려들어 오는 비를 고스란히 맞았다. 모르는 남학생이 왜 비를 맞고 있느냐고 걱정스럽게 말을 걸어도 대꾸하지 않고 눈길도 주지 않았다. 그냥 비를 맞는 게 좋았다. 간이역에서 내려 솔밭길을 걸어 집으로 갈 때, 하늘은 물방울 하나 내리지 않았다는 듯 멀쩡했다. 젖어 있는 것은 한결 싱그러워진 나뭇잎들과 흙길과 나였다. 단발머리는 금방 감은 것 같고 흰 블라우스와 검정 교복치마, 그리고 운동화와 흰 양말까지 젖지 않은 것이 없었다. 무지개가 떠 있는 하늘과 참으로 대조적인 모습이었다. 예민한 사춘기였지만 창피하지 않았다. 소나기의 풋풋한 자연의 소리와 느낌이 좋았었던 것 같다. 어쩌면 소나기가 내린 후에 나타나는 무지개를 더 기다렸는지도 모르겠다. 인생의 고비를 넘지 않아서 고운 빛의 무지개 위에 꿈을 얹고 미래에 대한 상상으로 즐거움만 컸던 시절이었다. 현실에 적응해야 하는 나이가 되면서 비 내리지 않는 하늘은 없다는 걸 알면서도 비 내리는 것이 싫었다. 한여름 열기를 식혀주는 한줄기 소나기마저 반갑지 않았다. 뒤에 오는 높은 습도는 더위를 배가시킬 뿐이어서 당연히 무지개에 대한 환상도 사라졌다.

요즘은 갑자기 소나기가 내려도 피할 곳이 많다. 차 안에 우산 하나쯤은 넣고 다녀서 걱정이 없다. 그러나 인생의 소나기는 대책이 없다. 고스란히 맞아야 한다. 내 인생의 소나기가 그랬다. 몸만 젖는 것이 아니라 마음 깊은 곳까지 흠뻑 젖었다. 천둥과 번개를 동반하고 세찬 바람과 함께 우박으로 쏟아지면 삶의 뿌리까지 흔들렸다. 가족들의 생로병사가 그랬고, 때로는 믿었던 사람과의 관계가 그러했다. 마음의 고통이 찾아오지 않기를 바라지만 예상할 수 없는 일이라서 온몸으로 맞고 젖은 몸을 웅크린 채 마르기를 기다릴 수밖에 없었다. 대책 없이 비를 맞을 때마다 예전의 그 남학생처럼 염려해주는 사람은 있어도 무지개는 쉽사리 볼 수 있는 게 아니었다.

십 여분 내리던 굵은 비가 가늘어지면서 무지개가 선명하고 가깝게 떴다. 오랜만에 보는 경이로운 풍경이 낯선 나라의 도심에서 서성이는 이방인의 마음에 알 수 없는 슬픔을 차오르게 한다. 무지개를 마주할 적마다 얼마나 많은 상상을 하고 꿈을 꾸었던가. 무지개 너머 희망을 주던 것들은 세월과 함께 가뭇없이 사라져갔다. 가까이 다가갈수록 멀어지던 환상의 색상은 젊은 날의 허무한 꿈과 사랑이었다.

진정 아름다운 풍경들은 먼 미래보다 내 안에 살고 있는 기억들인지도 모른다. 삶의 진정한 기쁨은 저 멀리 일곱 빛깔 무지개로 떠 있는 것도, 거창한 것도 아니다. 일상의 사소한 것들에게서 온다는 것을 안다. 잠시 마음을 흔들리게 하던 무지개는 작가박물관에 도착할 무렵 빛을 잃어갔다.

향단이의 깃발

그녀를 처음 만난 곳은 내몽골의 후허하오터 공항이다. 작은 키에 뭉툭하면서도 굽 높은 검은색 구두가 먼저 눈에 띄었다. 여행 가이드와 전혀 어울리지 않는 신발이었다. 내 우려와는 달리 그녀의 발걸음은 씩씩하고 빨랐다. 대신 이동하는 차 안에서 자기소개를 하는 향단이의 말투가 신경 쓰였다. 조선족 특유의 발음과 함께 한국말이 서툴러서 잘 알아들을 수가 없었지만 결혼한 삼십 대 중반으로 아들이 있고 부모가 한국에서 식당을 경영하고 있다는 것은 알아들었다.

이번 여행이 만족스럽지 않을 것이라는 예감은 다음날 아침, 투어가 시작되면서부터다. 목적지까지 소요되는 시간이 세 시간이었지만 관람하고자 하는 곳에 대한 설명이 부족했다. 차 안에서 몇 사람이 불만스럽게 말을 했다. 그녀는 개의치 않는다. 안타깝게도 모든 곳에서 우리는 그녀의 해설을 듣지 못했다.

칭기즈칸의 후예들이 살고 있는 내몽골에는 여러 문화 유적들이 남아 있었다. 역사를 엿볼 수 있는 박물관에는 다양한 유물이 전시되어 있고 고생 박물관에서는 공룡과 매머드 화석이 잘 보존되어 있었다. 라마교 사원인 대소사, 왕소군 박물관과 그녀의 묘도 호기심을 자아내게 했으나 답답하게도 그 나라의 글을 알 수 없으니 허사였다. 그저 유물과 연도를 보고 짐작만 할 뿐이었다. 중국 황사의 진원지인 쿠부치 사막도, 끝없이 펼쳐진 시라무원 초원조차도 내가 원하는 지적 욕구가 채워지지 않으니 감동은 반으로 줄었다. 현지에서 가이드로부터 역사해설을 들으면 기억이 더욱 생생해질 거라는 나의 기대는 무산되었다. 향단이는 각자 알아서 구경하고 버스로 돌아오는 시간만 강조했다. 게다가 제시간에 돌아와도 향단이의 붉은 깃발은 보이지 않을 때가 더 많았다. 항상 우리가 먼저 와서 기다리며 이번 여행은 최악이라 불평하다 나중엔 오히려 약속한 시각이 되어도 돌아오지 않는 그녀를 걱정하곤 했다. 이번에도 늦게 온 향단이가 변명을 하자 일행 중 한 사람이 쌓였던 불만을 가시를 세운 채 터트리고 말았다. 예상치 못했던 일에 그만 그녀의 눈물보가 터졌다. 하늘로 향해 펄럭이던 붉은 깃발이 땅을 향한다. 향단이의 서러운 울음에 당황한 건 일행들이다.

여행하는 내내 불만 속에 웃을 수 있었던 것은 향단이의 맑은 웃음과 씩씩함이었다. 아직도 철없는 내 자식과 다르게 그녀는 삶에 대한 뿌리가 깊고 단단했다. 고된 가이드 생활을 하는 것은 아이 만큼은 한국으로 보내 교육시키겠다는 꿈 때문이라니 요즘 만나기 쉽지 않은 단단한 엄마라 신통하면서도 안쓰러웠다. 나는 그녀의 부족한 부분을 그것으로 다 덮어

주었다. 일행 대부분의 마음도 나와 같았을 터이다. 자식과 같은 향단이를 향한 위로의 말이 겹치자 그녀가 울음을 멈춘다.

여행을 떠나면 그곳에 머무는 동안은 가이드가 우리의 보호자가 된다. 특이하게도 이번 여행지에선 우리가 가이드의 보호자가 된 듯싶다. 그래도 잔잔한 웃음이 일렁이는 건 비행기를 비향기라 발음하는 향단이의 밝은 웃음과 씩씩한 모습이리라.

언제 울었냐는 듯 그녀는 세모진 붉은 깃발을 높이 들고 제 혼자 큰소리로 파이팅을 외치며 우리를 또다시 웃게 하였다.

현규

전화가 왔다. 아득한 곳에서 불쑥 나타난 목소리에 반가움이 앞섰다. 아주 가끔은 궁금해서 잘 있느냐고 막냇동생을 통해 안부를 묻기는 했어도 서로가 일부러 전화할 일은 없는 사람들이다. 어쩐 일이냐고 묻는 나에게 그냥 누나 얼굴이 보고 싶단다. 우리 집에 도착하려면 세 시간쯤 걸린다고 한다.

막내 남동생의 고등학교 시절 단짝 친구다. 둘 다 성격도 원만하고 공부도 잘했다. 주말이면 우리 집을 제집 드나들듯이 하는 현규는 가정형편이 좋지 않았었다. 그 당시 아버지께서 돌아가신 지 얼마 되지 않아 어머니가 시장에서 노점상을 하셨고 다행히 누나가 직장이 있어 동생들의 학비를 보태고 있었다. 그래도 그 녀석은 항상 웃음을 달고 있어서 좋았다. 매사가 긍정적이어서 내 동생처럼 밥상을 차려주고 같이 농담도 하고 지냈던 것 같다. 고등학교를 졸업하면서 동생은 서울의 공과대학을 택하고 현규는 지방의 국립대학으로 진학하면서 우리 식구들과는 자연스레 멀어지게 되었다.

까까머리 고등학생의 기억으로만 남아 있는 그가 대기업의 임원이 되어 장년의 모습으로 찾아왔다. 한 집안의 장남으로 삶의 길이 만만치는 않았겠지만, 그는 예전과 별반 다르지 않았다. 통영에 상가가 있어 다녀오는 길에 들렀다고 했다. 주말이라 서울로 올라가려면 길이 막힐 것 같다고 오자마자 서두르는 현규가 흰색의 서류봉투와 쇼핑백을 내게 건네준다.

"고등학교 때, 내가 돈 벌면 누나에게 제주도 여행 꼭 보내주고 싶었어요. 약소하지만 받으세요."

휴양지 호텔 숙박권과 부대시설을 이용할 수 있는 티켓, 그리고 외국의 유명상표가 붙은 화장품까지 있었다.

1970년대 후반, 그 시절에는 세계 여행은 꿈같은 일이었고 제주도 여행이 제일이었다. 냉커피 한잔마시고 금방 떠나는 그를 배웅하며 나는 눈물이 핑 돌았다. 그저 동생 친구라서 동생처럼 대해 준 것밖에 없다. 그냥 지나쳐도 될 일을 자신과의 약속을 지키려 그동안 마음의 부담이 얼마나 컸을까, 오히려 안쓰러웠다.

현규가 다녀간 후, 잔잔하게 일렁이는 감동의 물결 깊은 곳에서 부끄러움이 올라오기 시작했다. 과거의 일들은 시간에 휩쓸려 스러졌다고 생각했었다. 과거의 시간이 쌓여 현재가 된다는 것, 그리고 그 시간들이 모두 소중하다는 것을 미처 깨닫지 못하고 흘려보낸 내가 한심스러웠다. 지금 이 자리에 있기까지 처음부터 나에게 글을 쓸 수 있게 동기를 부여해준 사람과 힘든 고비를 넘길 때마다 손을 잡아주고 위로해 주던 이들에게 많은 세월이 흐른 뒤에도 현규처럼 진정한 마음으로 고마움을 표시할 수 있을까.

무시로 절망 끝에 내몰리는 게 삶이다. 현규도 높은 지위까지 오르면서 숨 가쁜 날도 많았을 터이다. 그의 성공에는 분명한 그만의 법칙이 있다는 걸 알 수 있었다. 고마웠던 일만 마음에 두고 아무 인맥 없이 스스로 내공을 쌓아서 이룬 성공이다. 그는 뿌리 깊은 나무처럼 어떤 위기에도 흔들리지 않을 것이다.

하룻밤

숨넘어가게 웃는다. 탑승권을 받으며 참았던 웃음이 터졌다. 처음 듣는 이름도 아닌데 왜 이리 촌스러울까. 만나면 속내를 보이며 수다는 떨어도 오늘처럼 눈만 마주쳐도 웃음보가 터지진 않았다.

초등학교 친구 여섯 명이 제주도 여행을 떠나는 날이다. 시골 출신답게 이름도 촌스럽다. 명자. 순자. 명숙이. 명순이. 순례. 그나마 좀 괜찮다 싶은 선기가 있다. 머리 모양은 나이에 맞게 짧은 커트에 뽀글이 파마로 단정하게 빗어 넘겼다. 옷차림도 이름과 어울린다. 공항패션과는 상당히 거리가 멀다. 그래도 선글라스는 다들 챙겨왔다. 순자는 모자가 두 개다.

이틀 동안 차를 렌트했다. 운전대는 순례가 잡고 나에게는 운전할 줄 안다는 이유로 조수석에 앉아 인간 내비게이션 역할을 맡으란다. 숙소는 공항 가까운 곳에 정했으니 해안도로를 따라 드라이브 삼아 한 바퀴 돌기로 했다.

여섯 명의 수다는 장소를 가리지 않고 이어졌다. 고생담을 농담처럼 말해도 진지하게 듣고 추임새를 넣었다. 무거운 삶을 잠시 내려놓고 보이지 않아 불안한 미래의 걱정도 잊은 채 눈물이 찔끔거리고 허리가 휘어지도록 깔깔거렸다. 그중 명자의 웃음소리가 제일 높다. 초등학생으로 돌아가 수학여행 온 것처럼 목청 높여 교가도 부르고 동요도 부르면서, 요즘 세상에 누가 망태 메고 뒷동산에 올라 장대로 달을 따느냐며 명순이가 조용조용 느리게 말을 하자, 다시 웃음바다다. 끈끈한 거미줄 같은 의무감에서 벗어나 햇빛 반짝이는 낯선 도시를 달리며 우리는 깃발처럼 펄럭거렸다. 하늘과 바다는 도저히 색깔로 구분할 수 없을 만큼 완벽한 푸름의 조화를 이루고 있다. 바람은 부드럽고 가슴은 멋대로 뛰었다.

친구들의 삶은 절대로 순탄치 않았다. 명순이는 이 년 전, 남편이 뇌졸중으로 쓰러지더니 치매까지 와서 잠시도 곁을 비울 수가 없다. 게다가 시부께서는 말기 암 환자시고 시모도 중증 치매다. 시부모와 남편의 병시중은 온전히 그녀 몫이지만 불평 없이 끌어안고 간다.

한 친구는 남편을 먼저 떠나보내고 사 남매의 뒷바라지에 젊은 날을 희생했지만, 자식들은 모두 단단한 직장을 갖고 안정된 생활을 하고 있다. 지난 겨울 살짝 넘어졌는데도 양쪽 다리가 부러져 한겨울을 고생한 순자는 류머티즘 관절염이 심하다. 조심스러워서 올레길을 걸어보자는 말은 아예 꺼내지도 않았다. 몇 년 전, 남편과 사별한 명자는 혼자 식당을 운영한다. 힘들지 않겠냐는 우려가 무색하게 늘 통통 튀는 즐거운 목소리다.

십여 년 동안 우울증에 시달렸으나 간병사로 일하

면서 병을 극복한 순례는 지금 누구보다 행복하다. 딸 내외는 외국에서 살고 있고 아들이 제주도에서 병원장으로 있으니 작심하고 내놓는 자식 자랑이 계속 이어져도 지루하지 않다.

이름만큼 촌스럽고 순박한 할머니들이 세월이 할퀸 자국을 공평하게 나눠서 갖고 잔잔한 항구에 하룻밤 닻을 내렸다. 대부분의 세월을 양지보다 음지에서 살았던 친구들은 민낯을 보여도 민망하지 않고 가릴 것도 없는 사이다.

밤 깊은 제주도에서 입이 마르도록 수다를 떨고 깔깔거리다 하나둘 잠이 든다. 햇살 가득한 봄날을 꿈꾸는가, 편안한 모습에 괜스레 눈시울이 뜨거워진다. 우리가 수학여행 오듯이 이 섬에 다시 올 수 있을까. 초등학생 계집애들이 할머니가 되어 귀가 어두워졌는지 이름을 부르며 물어도 아무도 자신 있게 대답하지 못한다.

뒷집 여자

한 때 싸인 지라는 것이 유행했었다. 좋아하는 친구의 신상명세서를 받아 간직하는 것이었는데 그중에서도 제일 관심을 갖게 하는 건 그 사람의 장래희망과 취미였다. 다수의 학생들이 그랬듯이 나도 질문서를 받으면 취미란에는 독서와 음악 감상이라고 적어주었다. 그 시절에는 경제적인 면도 어려웠었고 청소년들이 즐겨 할 수 있는 일이 드물었다. 취미생활도 그저 바람일 뿐이지 마음대로 할 수 있는 일은 아니었다.

바람이 작은 씨앗이 되었는지 지나고 보니 내 곁에서 책이나 음악이 잠시도 멀어진 적이 없었던 것 같다.

직업을 갖고 노란색월급 봉투를 처음 받았을 때 내가 제일 먼저 한 일이 일본 제품인 소니 트랜지스터라디오를 사고 세계문학전집을 할부로 산 것이었다. 그리고 무슨 일을 하다가도 틈만 생기면 책을 읽고 음악을 들었으며 인생의 고비를 넘길 때는 잡념을 떨쳐버리기 위해 책과 음악 감상에 더 깊이 빠져들었다. 아마도 내 삶 속에서 책과 음악이 없었다면 고단한 질곡의 길을 헤쳐 나오기가 결코 쉽지 않았을 것이다. 이젠 웬만한 일에는 속을 끓이지 않으려 노력한다. 그래도 심사가 복잡해지면 소리 내어 글을 읽던지 좋아하는 노래를 허밍으로 따라 부른다.

그날 밤도 비가 추적추적 내리는 새벽까지 책을 읽고 있었다. 술 취한 뒷집 남자의 초인종 누르는 소리가 빗소리를 가른다. 책을 덮었다. 잠시 후에 벽력같은 소리로 폭언을 쏟아낸다. 그는 곤히 잠든 동네 사람들을 모두 깨운다. 빈번한 일이다. 방문 부수는 소리와 아내에게 가해지는 폭언과 폭행, 중고등학생들이지만 아버지의 부당한 행위에 항변도 못 하고 얼어붙은 듯 한쪽 구석에 서 있는 삼 남매의 겁에 질린 모습이 그 집 거실 창을 통해 고스란히 보였다. 골목을 사이에 두고 뒷집 거실과 내 방의 창문이 마주하고 있다 보니 문 열고 살아야 하는 여름에는 뒷집 남자의 코 고는 소리까지 들을 수밖에 없는데 남의 생각은 하지 않고 한밤중에 목청껏 지르는 소리는 오죽하랴. 시비를 거는 남편에게 반박을 하면 말대꾸한다고 때리고 참고 있으면 말이 말 같지 않으냐고 때리고 있다. 남자가 잠이 들고 나서야 동네는 다시 조용해졌다.

뒷집 여자하고는 한 번도 말을 해본 적이 없다. 낡은 주택에 살면서 남편이 변변한 직업이 없어 어렵게 살림을 꾸려가고 있다는 것만 느낌으로 알 뿐이다. 아침이 되자 작고 가냘픈 그녀는 빨래를 들고 옥상으로 올라왔다. 그런데 먼 하늘만 바라보고 있다. 슬픔이 흐른다. 작은 바람에도 추락할 것 같아 몹시 위태로워 안쓰럽기만 하다. 그녀에게 무엇이 위로가 되고 있기에 파경의 위기마다 감내하는 것일까.

예전부터 내 어머니의 어머니들도 시집살이의 괴로운 순간을 참아내는 인고 문화가 있었다. 마음이 괴로울 때면 엽전을 손아귀에서 굴리던 인고 전이 있었고, 바느질거리를 꺼내어 괴로움을 분산시키던 인고 봉이 있었다. 현대의 젊은이들이 보기에는 참으로 웃기는 얘기일지 몰라도 예전이나 지금이나 가정을 지켜내야 하는 것은 사랑보다는 인내였다.

사람마다 마음을 다스리는 방법이 나름 있겠지만 나는 위기가 닥칠 때마다 책을 읽던지 혼자 조용히 음악을 들으며 마음을 다스려 왔다. 혹시 뒷집 여자도 나처럼 독서를 즐기고 음악 감상하는 것으로 상처를 치유하지는 않을까. 들고 온 빨랫감도 널지 않은 채 망연히 서 있는 것을 지켜보다 창문을 활짝 열고 그녀가 들을 수 있게 음악의 볼륨을 높이 올렸다. 그녀 나름의 방법이 있다면 마음만 더욱 심란하게 만드는 소음으로밖에 들리지 않을 텐데 하는 우려 속에 가만히 여자의 반응을 살펴보았다. 그녀의 내면세계는 잘 알지 못하지만 평화로운 마음을 갖게 하는 '가브리엘 오보에'라는 이 노래가, 이 멜로디가 그녀에게 닿아 상처가 깊어 굳게 닫힌 마음을 조금이라고 열 수 있기를, 그리고 다시 용감하게 일어서길 바라는 마음이었다. 그녀는 미동도 없다.

며칠 후, 불볕더위와 습도가 높아 매사에 짜증이 섞이던 초저녁이었다. 뒷집 여자의 웃음소리가 내 방의 창문을 흔든다. 아무 일도 없었다는 듯이 다정하기만 한 남자의 음성도 들린다. 온 동네가 시끄럽게 난리를 치던 날 밤과는 전혀 다른 풍경이다. 남의 집 일에 내가 혼란스럽다. 남편에게 특별한 재능이라도 있는 것일까. 아니면 뒷집 여자 스스로 상처를 치유하는 것일까. 그도 저도 아니면 남편이 무서워 그냥 즐거운 척하는 것일까.

어쩌면 무거운 일도 쉽게 잊고 가볍게 살아가는 것도 좋으리라. 무겁다고 아우성치며 미련하게 상처만 끌어안고 아파한들 무슨 소용인가. 밤길 같은 세상살이에 음악과 책으로 상처를 치유하려는 내 방식보다 뒷집 여자의 세상사는 요령이 더 현명한 것인지도 모르겠다.

그녀의 높은 웃음소리가 골목 안 담장을 넘나든다.

졸모(卒母)

짧게 자른 머리가 조금 길어지고 파마가 풀리자 손질하기가 영 불편하다. 아무리 공을 들여도 맘에 들지 않는다. 미장원으로 향한다. 혼자 운영하는 작은 규모지만 원장의 숙련된 미용기술은 이미 소문이 난 터라 예약을 해야 하는 곳이다.

생면부지의 낯선 사람 셋이 전면 거울 앞에 앉아 있다. 공교롭게도 같은 연배의 할머니들이다. 짧게 커트를 치고 파마를 하거나 염색을 하고 있다. 요즘은 여자들이 모인 곳에서의 첫인사가 김장은 했느냐고 묻는 일이다. 여기서도 예외는 아니다. 손님 사이의 연결고리가 되는 미용사가 나에게 먼저 묻는다. 예년에 비해 반으로 줄어든 팔십 포기의 배추로 김장을 끝내고 보리쌀 띄워 고추장까지 담갔으니 남은 일은 서 말의 메주콩 삶을 일만 남았다고 했다. 옆 사람도 일찌감치 김장해서 자식들에게 골고루 나눠주었다고 한다. 오 남매 김장까지 해 주려면 이백 포기를 담가야 한다는 한 사람만 아직 엄두를 내지 못하고 있다고 한다. 딸들이 와서 도와주겠다는 것을 오지 말라고 단호하게 거절했단다. 손주들까지 와서 법석거리면 치다꺼리가 더 힘들어 차라리 혼자 하는 게 편하다며 손사래를 친다. 수다는 김장 얘기를 시작으로 희생이라는 단어에 매어 자식들로 인해 겪어야 하는 고달픔의 부유물들이 밀물처럼 밀려와서 미장원이라는 모래톱에 걸려 저마다의 소리로 와글거린다.

여자의 인생 단계는 남자보다 뚜렷하다. 최종 목적지는 어머니가 되고 할머니로 마무리된다. 어머니가 되면 모성이라는 단어에 숭고함이라는 수식어를 달아 수많은 역할이 부여된다. 자애롭게 자신을 희생하며 가족에 대한 헌신과 보살핌을 기대하는 이미지가 모성애의 정의로 고착되어 있다. 하여 엄마로서의 역할보다 개인의 욕구가 고개를 들면 스스로 자책감이 들게 만든다.

자식이 결혼으로 인해 분가를 하고 할머니가 되고 보니 고달픔이 배가 되었다. 의존적인 관계가 된 것은 자식보다 엄마인 내 탓이 크다. 충분히 제 할 일을 해 나갈 수 있는 나이 든 자식들을 곁에 두고 혹여 입맛이 없을까 봐 김장을 하고 장을 담근다. 자신의 힘든 삶을 닮아가는 게 안쓰러워 자식이 넘어야 할 고비를 대신 넘으려 한다. 힘들다고 푸념하면서 자신을 필요로 해주길 바라는 마음이 더 크니 의존성만 키우는 것을 부인하지 못한다.

일본의 만화가 '사이바라 리에코'는 마이니치신문에 '매일 엄마'라는 만화를 종료하면서 실제 엄마의 역할도 졸업한다며 졸모(卒母)을 선언했다. 그날부터 고등학생인 딸을 아침에 깨우지도 않고 도시락도

싸주지 않는다고 했다. 고등학생이 되면서부터 수능 준비로 예민한 우리나라의 엄마였다면 단호하게 졸모 선언을 할 수 있었을까. 그녀는 혼자 살아갈 힘을 키워주겠다는 생각이었지만 오히려 자기만의 시간을 갖게 되니 여유롭고 행복하다고 하는데 비난의 소리도 만만치 않다.

미장원에서 가운을 입고 앉은 할머니들도 비난의 소리에 무게를 둔다. 장성한 자식들이라 이젠 알아서 하게 둬야지 하면서도 때가 되면 그 많은 김장을 하고 장을 담그고 아이를 맡기면 봐 줄 수밖에 없는 것이 현실인데 죽기 전까지 졸모 선언은 언감생심이란다. 어느 나라 건 졸모 선언은 함부로 할 일이 아닌가보다. 거울 속에서 고개를 끄덕이는 내 모습에 긴 한숨이 나온다.

거짓말

외출 준비를 하는 아내를 지켜보던 남편이 어딜 가느냐고 퉁명스럽게 물었다.

"장례식장 가요!"

본인도 모르게 튀어나온 대답이란다. 상가에 가는 사람의 옷차림이 그게 뭐냐고 힐난하는 말투엔 의심이 잔뜩 묻어 있더란다. 입고 있던 붉은색 윗도리는 앞뒤가 맞지 않는 거짓말을 하고 있음을 말함이다. 검은 옷으로 갈아입고 얼른 집을 나왔다고 한다. 예술제 행사에 참여하기 위해서다.

그녀의 첫인상은 편안했다. 고생을 별로 하지 않은 넉넉한 집안의 안주인같이 매사가 긍정적이며 늘 웃는 모습이었다. 가까운 사이가 되면서 웃는 얼굴 뒤에 가려진 어두운 삶이 보이기 시작했다. 나는 그녀에게도 편하게 숨 쉴 수 있는 시간이 필요함을 느꼈다.

무속인 집안으로 시집와 살면서 겪은 일은 말로 표현하기조차 어려웠다. 시집 식구들은 어린 며느리를 종처럼 부렸고 남편은 무능해 보호자 역할을 하지 못했다. 아이를 낳으면서 죽음의 언저리를 맴돌게 하는 우울증에 시달려도 누구 하나 눈길 주는 사람이 없었다고 했다. 시어머니는 들일과 집안일을 모질게 시키면서 아이들의 학비조차 주지 않았단다. 남편은 나와 상관없다는 듯 모른 채 했다. 아이들의 교육을 위해 시어머니와 남편의 반대를 무릅쓰고 공장 생활을 한 지난 이십여 년은 공순이의 고난의 세월이었다고 그녀는 말했다. 삼교대를 하면서 손 하나 까딱하지 않는 시집 식구들의 수발을 들고 잠을 줄여가며 농사일을 해야 하는 고된 삶이라 정작 아이들은 제대로 보살피지 못했단다. 초등학교 삼학년 때부터 엄마 대신 집안일을 하던 큰아이에게 청각장애가 오고 시력이 떨어져도 병명을 모르니 치료가 되지 않더란다. 그 딸을 시집보낼 때는 가슴이 무너지더라는 말을 할 때 그녀는 울었다. 자식들이 모두 결혼함으로 공장을 퇴사했지만 지금도 그녀의 고단한 삶은 진행 중이다. 그토록 모질게 대하던 시어머니는 치매로 거동이 자유롭지 못하다. 남편도 몸과 마음이 온전치 못한 중에 치매까지 왔다. 아내의 보살핌을 받아야 하는 처지가 되었다. 온갖 고난을 겪으면서 흔들리지 않았던 그녀의 존재는 한집안의 버팀목으로 깊은 뿌리를 내렸다.

온전한 정신으로 있을 때도 좋은 소리 한 번 하지 않으면서 어쩌다 외출하려는 눈치가 보이면 시어머니와 남편은 몹시 불안해한단다. 그러니 외출의 목적을 꼭 가야 하는 곳으로 정할 수밖에 없다며 활짝 웃는 그녀의 입술에는 립스틱이 샐비어 꽃처럼 화사하게 피어있었다. 아마도 그의 남편은 외출하는 것만 못마땅해서 옷차림만 타박했지 곱게 화장한 건 미처 발견하지 못했던 모양이다.

“그럼 우리 모두 행사장이 아닌 장례식장에 가는 거네.”

본심을 솔직하게 드러내고 숨기는 것 없이 살아가는 사람이 몇이나 될까.

어렸을 적에는 엄마에게 혼나는 게 싫어 거짓말을 했었다. 어떤 목적을 가지고 양심의 가책을 느끼거나 돌이킬 수 없게 만드는 일도 아니다. 그저 소소한 것이어서 피노키오처럼 코가 자라지도 않았으니 선의의 거짓말이라고 생각했다. 지금도 상대와의 대화가 꼬이면 묻는 의도가 다른데도 “응, 그래”하고 대답한다. 말꼬리를 자르고 싶어 귀찮음으로 하는 거짓 대답이다. 어찌 보면 자신을 속이는 거짓말인지도 모른다.

누구나 거짓말을 한다. 완벽하기는 어렵다. 그녀가 장례식장에 간다며 빨간 잠바를 입고 립스틱을 붉게 발랐듯이 어설프기 마련이다. 그날, 그녀의 젖은 날개는 반짝이는 가을 햇살에 물기가 걷히고 예술이라는 이름을 달고 푸른 하늘을 훨훨 날았다. 거짓말 덕분에.

마지막 선물

햇살도 빛을 접어가는 11월의 끝자락이다. 마른가지에 매달려 있던 낙엽들이 바람에 우수수 떨어져 날린다. 의연히 제자리에서 몫을 다하고 홀연히 흙으로 되돌아가는 갈잎의 모습이 마치 인연이 다해 이승을 떠난 아버지를 닮았다. 잡을 수 없는 게 시간임을 알지만 각기 흩날리는 잎들은 깊은 울음을 터져 나오게 한다.

흘러가는 시간의 등성이에 서서 계절을 보내곤 했

다. 꽃도 보내고 마른풀도 보내고 나이가 무거워지면서 더러 친구도 보냈었다. 슬픔은 무엇을 잃어버렸을 때에 찾아오는가 보다. 아마도 마음을 다해 아끼고 사랑했던 그 무엇, 혹은 그 누구였을 것이다. 아버지께서 떠나신 지금, 그동안 내가 겪었던 슬픔은 슬픔도 아니었다.

꽃이 지천으로 피던 봄날, 건강하던 아버지께서 췌장암 선고를 받으셨다. 유한한 삶의 시간은 5개월에서 10개월이었다. 청천벽력이란 말이 실감 났다. 그저 대책 없이 울음만 터지는 나에게 오히려 동생들이 다독였다. 어찌할 것인가. 아버지를 모시고 청주에서 서울로 오르내렸지만 별다른 수가 없었다. 병원에 입원에 계시는 동안 몇 날을 자식들이 모여 궁리해도 쉽사리 수술을 할 것인지 결정을 내리지 못했다. 결국 예사로 넘길 병이 아니라는 것을 짐작하신 아버지께서 단호하게 결정을 내리셨다. 절대로 수술은 하지 않는다고, 만약에 의식을 잃고 쓰러진다고 해도 인공호흡기도 달지 말고 영양제도 놓지 마라신다. 집에서 모든 것 정리하고 조용히 살다 가겠노라 하셨다. 어쩔 수 없이 삶의 끈을 놓아야 하는 아버지와 우리는 서로 끌어안고 많이 울었다.

아버지는 기력이 남아 있을 때까지 농사일을 하셨다. 감자를 수확한 자리에 콩을 심고 깨를 심고 김장무를 심었다. 마지막까지 자식들에게 주려고만 하시는 마음이 눈물겨웠다. 씨만 뿌리고 가꿀 수 없게 되자 휴일마다 동생 내외가 거들었다. 거동이 불편해 주로 누워계시는 마지막 한 달 동안 아버지와 관련된 일은 깨끗이 정리해 사후에 처리해야 할 일이 없게 했다. 아버지가 주는 마지막 용돈이라고 두 며느리와 두 딸에겐 오십 만 원씩 흰 봉투에 넣어 주시고 큰며느리에게는 당신 손에 끼었던 금반지를 주셨다. 사그라지는 삶조차 어찌 그리 깔끔하신지 마른 풀처럼 쇠잔해진 기력으로 자식 어깨에 팔을 얹고 화장실을 향하던 강한 의지는 이부자리 한 번 더럽히질 않으셨다. 그런 아버지가 이승을 떠나기 전날까지 어머니는 아버지와 손을 꼭 잡고 주무시며 긴 이별을 준비하셨다.

준비된 이별이라 할지라도 상실감에 대한 경구는 상실을 겪어야 비로소 절절하다. 이별을 읊는 유행가 가사조차 손톱에 박힌 유리 조각처럼 아프다. 아버지의 부재처럼 압도적인 상실은 아픔이란 단어로 설명되지 않는다. 죽음의 충격은 가족들의 마음에 낙진으로 내려앉을 뿐이다.

아버지가 떠나신 후 동생들은 콩과 들깨를 거두었다. 메주콩은 나에게 주고 들깨는 기름을 짜서 형제들이 똑같이 나누었다. 그 많은 무도 뽑아 무청 하나 남기지 않고 내가 집으로 가져왔다. 무김치를 담고 동치미를 담고 무청은 시래기로 말려 동생들에게 아버지의 마지막 선물이라며 골고루 나눠줬다. 수확한 콩도 삶아 메주를 띄워 된장을 담가 익으면 그 또한 소중한 선물로 나눠주리라. 아버지는 우리에게 재물을 남겨 서로 어색하게 만들지 않고 따뜻한 정만 듬뿍 남겨주고 가셨다. 그래서 더욱 그립다.

해마다 가을은 온다. 시월이 되면 변함없이 단풍은 절정 일터이고 그 절정 속에 아버지의 기일이 들어있다. 그때마다 나는 아버지와 함께했던 시간들을 기억하며 많은 눈물을 흘릴 것이다.

편지

한 학기가 끝났다. 방학이다. 아이들은 학교생활에서 잠시라도 벗어난다는 것이 좋은가 보다. 나는 아이들에게 자유주제로 글을 다섯 편씩 써오라고 숙제를 냈다. 목소리가 높아진다. 한편만 줄여달라고 졸라대는 말에 애교가 가득이다. 수업이 끝나자 6학년 서진이가 내게 치약 곽 한 개를 건네고 후다닥 뛰어나간다. 치아 관리 잘하라며 건넨 치약 곽 속에는 치약은 없고 손편지 두 장과 작은 모형 케이크가 들어 있었다. 생각지도 못했던 일이다. 웃음이 터졌다. 얼마 만에 받아 본 편지인가. 아이에게 받은 편지인데도 몹시 설렜다.

책가방 검사를 받는 날이었다. 종종 있는 일이었다. 가방 안에 있던 물건들을 모두 꺼내놓고 차례를 기다렸다. 선생님은 내 책상 옆에 서서 어찌나 꼼꼼하게 검사를 하시는지 가방 안은 물론 겉에 있는 지퍼까지 열고 확인을 하신다. 선생님의 굳은 표정을 보면 잘못이 없어도 잘못한 사람처럼 전전긍긍인데 알 수 없는 편지를 발견하시고 눈으로 읽으며 얼굴이 점점 더 굳어지셨다. 그날 수업이 모두 끝나고 교무실로 간 나는 저녁 통학 열차를 타야 하는 시간 전까지 담임 선생님 책상 옆에서 무릎 꿇고 벌을 받았다. 편지는 열차 안에서 어느 남학생이 내 가방에 몰래 넣어 둔 연서였다. 나와는 무관한 일이어서 어느 학교 누구냐고 다그치셔도 상대를 알 수 없으니 답변할 말이 없었다. 그저 부끄럽고 억울했다. 편지 사건 후로 통학 열차를 이용하면서 남학생들만 보면 눈을 내리깔았다. 내심 괘씸하기도 했다. 한 번으로 끝낼 것 같으면 애당초 시작하지 말일이지 섭섭함과 아쉬움도 있었다.

그 무렵 학교에서 반강제로 월남파병 장병에게 보내는 위문 편지를 써서 제출하게 했다. 주소도 없는, 누구에게 배달될지도 모르는 편지여서 편지마다 내용이 비슷했지만 한 달쯤 지나자 월남에서 답장이 왔다. 내용보다는 편지 속에 함께 넣어 보낸 마른 야자수 잎이 신기했다. 나는 학교생활을 얘기하고 군인아저씨는 월남의 전쟁과 이국 풍경을 적어 보냈다. 더 이상 쓸 말이 없을 무렵 위문 편지는 끝났다.

어느 날, 낯선 곳, 낯선 사람에게서 편지가 왔다. 모르는 사람이라서 무시했다. 일 년 동안 열통이 넘는 편지가 배달되었다. 궁금증이 일기 시작했다. 답장 글은 단 두 줄이었다. '댁은 누구십니까, / 나를 어떻게 알았습니까.'

펜팔이 유행하던 시절이었으나 어디에도 내 이름과 주소를 남겨놓지 않았는데 이상한 일이었다. 그 사람은 집요하게 편지를 보내고 나는 가끔 어찌 알고 편지를 보내느냐고 묻는 답장을 보냈으나 어느 날 아예 무시해 버렸다.

지난 편지들은 추억보다는 기억으로만 남아 있다. 온 마음을 담아 연애편지 한 번 써보질 못해서인지 다른 사람의 달달한 글을 대하면 몹시 부럽다.

문학을 하면서 내게 강렬하게 남아있는 분이 있다. 청마 유치환 시인이다. 기혼자였던 시인이 남편과 사별한 정운 이영도 여사에게 스무 해 동안 하루도 빠지지 않고 보낸 편지는 연애 시였다. 절절한 마음으로 보낸 편지를 상대가 끝내 받아들이지 않았다면 배달된 편지는 몸서리를 쳐지게 했을 것이다. 날마다 통영 앞바다가 보이는 우체국 창가에서 연인에게 쓰는 편지는 얼마나 감미로울 것인가.

'사랑하는 것은/ 사랑을 받느니보다 행복하나니라/ 오늘도 나는/ 에메랄드빛 하늘이 환히 내다뵈는/ 우체국 창문 앞에 와서/ 너에게 편지를 쓴다.'

청마의 시 '행복'의 1연이다. 편지만으로 상대의 마음을 움직일 수 있는 시인의 지치지 않는 사랑과 문장력이 경이롭다.

누군가에게 편지를 보내고 받는다는 것은 낭만적

이다. 학창시절에 알 수 없는 남학생에게 받은 편지로 곤욕을 치렀어도 지금은 그마저도 아름다운 추억으로 남아있다. 이젠 이영도 여사처럼 뜨거운 연서를 받을 일은 없을 터이다. 그러나 서로의 안부를 묻는 손편지도 반갑겠다. 연애 편지라면 더욱 좋겠다. 한동안 잔잔한 행복을 일렁이게 하는 서진이의 편지가 마음을 푸르게 한다.

내연관계

무죄란다. 증거불충분이라 했다. '내연남 살해혐의 사십 대 무죄'라는 기사다. 머리기사가 왜 그리 선명하게 보이는지, 은밀하고 내밀하다는 단어는 보는 것만으로도 가슴 떨리고 설레는데 그러한 관계라면 얼마나 좋겠는가.

내게도 은밀한 관계인 남자가 두 명 있다. 남의 눈을 피해 동침도 마다하지 않는다. 내연관계라는 것이 본래 타인의 눈치를 봐야 하는 편치 않은 일이나 그

또한 삶에 활력소가 되니 팽팽한 긴장감도 좋다.

낮에야 누굴 만나 식사를 하던 차를 마시든 별 상관없이 지나간다. 그런데 밤에는 간섭이 심하다. 9시만 넘으면 전화를 한다. 남편께서는 세상의 역사가 밤에만 이뤄지는 줄 안다. 앞만 보고 운전을 해서 도로변마다 늘어나는 러브텔을 발견하지 못해서인지 아니면 남녀관계도 세상의 흐름 따라 진보한다는 것을 깨닫지 못하는 건지 알 수가 없다.

내연남과 즐기려면 피곤하기도 하지만 나는 즐기고 있다. 어쩌면 본 남편에 대한 복수일지도 모른다. 그동안 내가 알게 모르게 그대께서는 수많은 여인에게 깊은 관심을 두셨지 아니한가. 대단한 일을 하는 것처럼 당당하게, 거칠 것 없이 세상 사람이 다 알아도 상관없다는 듯이 상처를 주었었다. 그에 비하면 나는 새 발의 피다. 주위 사람들은 아무도 모르니 기본적인 예의는 지키는 셈이다. 가끔 눈치를 채고 눈을 부릅뜨고 식식거리지만 그야말로 지금은 종이호랑이에 불과해 속으로 코웃음만 친다. 오히려 고소함을 금치 못한다.

남편은 초저녁잠이 많다. 아홉 시를 넘기기 어렵다. 한 번 잠들면 새벽 한 시나 되어야 화장실을 가려고 깬다. 저녁에 외출했을 때 9시 전에 귀가하기가 어려우면 열시 쯤 들어가야 한다. 잠든 다음에야 언제 들어왔는지 알 수가 없으니 다음 날 아침에 물으면 아홉 시 십분 쯤에 들어왔다고 아무렇지도 않게 말한다. 이러면 안 되는 줄 알면서도 세월이 흐를수록 나는 더욱 뻔뻔해지고 있다.

남편과 각방을 쓴 지 오래 되었다. 술 마시고 오면 코 고는 소리가 창문을 흔들 정도다. 게다가 잠꼬대는 얼마나 심한지 모른다. 낮에 누굴 만나 무슨 얘기가 오고 갔는지 잠결에 다 말을 한다. 노래방을 다녀왔으면 그곳에서 불렀던 노래를 하나도 빠짐없이 부르며 추임새까지 넣는다. 잠들기 전에 남자들끼리 갔다고 아무리 우겼어도 소용없다. 순자야, 영자야 모두 나온다. 개그콘서트가 따로 없다. 덤으로 술 냄새와 담배 냄새까지 얹어 줬다. 견디다 못해 안방을 내주고 내가 마루로 나 앉았다. 그 무렵부터다. 내가 내 연남을 만들기 시작한 것이.

나는 그들이 좋다. 진한 애정표현도 사랑스럽다. 눈만 마주치면 입을 맞춘다. 그럴 때마다 나도 모르게 콧소리를 내고 혀 짧은소리로 말을 하게 된다. 고백하건데 본남편에게는 한 번도 하지 않던 행동이다. 어쩌다 두 남자가 나를 독차지하기 위해 격렬한 싸움이 벌어져 겁이 나기도 하지만 간섭하지 않는다. 첩이 하나였을 땐 본처와의 싸움이 잦으나 첩이 두 명이 되면 첩끼리 싸우니 오히려 본처나 당사자인 남자는 편하다고 한다. 내 경우를 봐도 틀린 말이 아니다.

내연남과 한 이불 속에서 속닥거리다 남편이 안방문 여는 소리가 들리면 그는 숨을 죽인다. 덩달아 나도 잠든 척하고 있지만 온몸의 신경 줄은 남편의 행동에 팽팽하게 긴장한다. 만남이 길어질수록 내연남들의 눈치도 백 단이다. 약속이 없어도 남편이 잠든 것을 확인한 후에는 조심스레 발걸음 소리를 죽이며 하루도 거르지 않고 내 곁으로 오니 말이다. 그들이 내게 주는 사랑보다 나는 더 많은 것을 해줘도 아깝지 않다. 몸보신시켜 주려고 식사도 될 수 있으면 고급으로 사 주고 옷도 내 취향에 맞게 가끔 사준다. 남편이 벌어다 주는 생활비로 쓰는 게 때로는 미안하기도 하지만 마음이 그쪽에 푹 빠져 있으니 어쩔 수 없다. 이 지경까지 오게 만든 건 남편이지 않은가. 자업자득이다.

며칠 전이었다. 그날 밤도 나는 그들과 함께 있었다. 달콤한 시간이었다. 그날따라 남편은 잠이 오지 않는지 안방과 마루를 들락거렸다. 몹시 신경이 쓰였다. 습관대로 잠든 척 기척을 하지 않았다. 이상한 낌새를 느꼈는지 이부자리를 들춘다. 그 순간이었다. 두 남자가 동시에 벌떡 일어나더니 남편을 향해 으르렁 대며 짖기 시작한다.

'내 여자 건드리지 마!'

몽룡이와 몽돌이의 날카로운 목소리가 곤하게 잠든 동네를 흔든다.

4부

눈은 내리는데

눈은 내리는데

바깥의 기척이 심란하다. 어제부터 간간이 내리던 비가 한밤중부터 함박눈으로 몸을 바꾸더니 하루 종일 멈추질 않는다. 강추위에 눈이 쌓이는 날이면 꼼짝없이 며칠은 집에 갇혀야 한다. 바깥으로 나가는 일도, 들어오는 일도 만만치 않다 보니 사람의 발자국도 드문드문하다. 부득이한 일로 외출을 해야 한다면 버스를 탈 수 있는 큰 도로까지 걸어가야 해서 어지간하면 포기를 한다. 산골에 폭설이 내릴 때마다 눈이 만들어 주는 자유, 두절이 만들어 주는 자유가 묘한 해방감을 준다.

도시에서는 골목만 벗어나면 큰길은 금방 눈이 녹아내려 불편함이 덜하지만, 산속은 그대로 쌓여 해가 저물면 얼어붙고 만다. 한편으론 걱정이나 한편으론 느긋하다. 김장을 담갔고 메주콩도 삶아 메주 모양을 만들어 겉을 말리는 중이니 그것으로 겨울준비는 다 끝나서다. 마음이 한가로우니 겨울 숲에 흰 눈 쌓여가는 정취만 하염없이 바라보고 있다. 어느새 겨울이 깊어졌다.

'함박눈이 소리 없이 내리는 지금 무엇을 하시나요. 그립습니다. 보고 싶습니다. 이렇게 눈이 내리는 날 추억의 언저리에서 행복하세요'

상념을 깨는 문자가 왔다. 절절하다. 내 마음을 어찌 알았을까. 나도 누군가에게 이런 문자를 보내고 싶은 순간이었다. 그의 속내를 알기에 바로 답장을 했다. '외로움도 그리움도 눈 속에 묻어요. 눈이 녹으면 흔적 없이 사라지게'

그렇게만 된다면 가슴앓이라는 말은 흔적 없이 사

라질 터이나 바람일 뿐이다.

눈이 내리면 가슴속에 숨겨놨던 그리움이 대책 없이 고개를 내민다. 추워서 멀어져간 별도 아련하고 지나간 것들, 잊고 있거나 가깝고도 먼 곳에 있는 사람조차 간절하게 만나고 싶어진다. 그녀도 그러할 것이다. 내리는 함박눈을 홀로 바라보다 먼저 떠난 남편에 대한 그리움이 사무쳐 보낼 수 없는 문자를 내게 보내며 하소연하고 있는 거다. 사랑하기보다는 갈등의 시간이 더 많았을지라도 상대가 떠난 후 그마저도 아름다운 추억으로 남아 눈 내리는 날 삐쭉 고개를 내민 것이다. 사람과의 이별을 어떻게 마음에서 삭여낼 것인가. 생애를 통해서 얼마나 많은 날을 그리워하고 외로워하면서 살아야 하는 것이 인생의 행로일까.

멈출 기미가 없는 눈은 잠시 쉬었다가 내리기를 반복한다. 빈 나뭇가지를 흔드는 세찬 바람만 성난 파도소리를 내며 사라지곤 한다. 그때마다 밤나무와 굴참나무의 굵은 몸통이 크게 흔들리는데 다른 소리가 섞이지 않으니 역설적이게도 오히려 고요하고 적막하다.

산마을은 눈이 내리면 침묵한다는 것을 이곳으로 와서야 알았다. 산속에 뿌리내린 나무들조차 눈 속에서 동안거에 들어가는 스님처럼 묵언이다. 그 풍경을 바라보는 사람의 마음도 침묵해야 하는데 오히려 사념만 가득해지니 눈 때문이라는 것은 핑계일 뿐이다.

눈은 일상생활에 많은 불편을 준다. 나이 들수록 걱정거리는 많아져도 감상에 빠질 수 있는 계기를 만들어 주니 반갑기도 하다. 잠시라도 세상의 더러움과 상처를 덮어주고 흑백사진을 펼쳐보듯 지난 시간들과 사랑했던 사람과의 지난 일을 반추하게 하는 눈이 두 얼굴을 가진 야누스라는 것을 예전에는 몰랐었다.

눈 내리는 마당에서 하늘을 보고 짖어대며 펄쩍펄쩍 뛰노는 강아지처럼 그저 눈이 내리면 좋았었다. 지금 눈은 내리는데 내게 문자를 보낸 그녀도 나도 끝없이 침잠하는 마음을 어쩔 수 없다. 이보다 더 깊은 나이가 되어야 지난 것들을 관조하며 편안해질까. 눈이 녹으면 심란한 마음도 잦아들까.

목욕

견디기 힘들다. 무디어질 때도 되었는데 왜 이럴까. 그러려니 해야 하는데 마음을 다잡아도 소용없다. 정제되지 않은 말들이 모두 심장에 박히는 것 같이 아프다. 상처가 되는 말을 들을 때마다 말보다 먼저 반응하는 눈물도 야속하다. 올 때마다 울고 가는 게 안타까운지 다른 환자를 돌보던 간병인 두 분이 내 어깨를 토닥이고 손을 잡아준다. 따뜻한 위로는 부정개념의 감정들을 선명하게 하고 밝은 햇살 아래 반짝이는 나뭇잎도, 바람에 살랑대는 꽃잎조차 온통 서러움으로 덮게 한다.

아버님이 입원해 계신 요양병원을 다녀올 때마다 내 표정을 살피는 식구들이다. 기운 없이 현관을 들어서는 모습만 봐도 무슨 일이 있었는지 다 안다는 듯 말을 아끼고 습관처럼 욕실로 향하는 내 등만 바라본다. 이런 날은 살이 벌겋게 익도록 물이 뜨거워야 한다. 너그럽지 못한 자신에게 내리는 벌이기도 하다.

편안하다. 엄마의 품속이 이랬던가. 물을 무서워하던 내가 수시로 반신욕을 한다. 부모 곁을 떠나 내 길을 가면서 넘었던, 넘어야 하는 절벽들이 고통스러울 때마다 잠시라도 걱정을 잊으려 습관처럼 목욕을 했던 것 같다. 깨끗이 씻고 나오면 몸보다 휘청거리던 마음의 뿌리가 단단해졌던가.

본격적으로 욕실을 도피처로 만든 지 이십 년이란 세월이 흘러갔다. 가장 가까워야 할 관계가 끝내 좁혀지지 않는 생각의 차이로 마음이 황폐해지자 검은 차양처럼 기미가 얼굴을 덮었다. 탈출구가 절실하게 필요했지만, 방법을 모른 채 날마다 동네 목욕탕을 드나들었다. 습관은 쉽게 버려지지 않았다. 그 곳에서는 벌거벗은 몸으로 앉아 있는 여자들의 삶이 삼베처럼 거칠 거나 비단길이거나 모두 평등했다. 뜨거운 사우나실에서 온종일 땀을 흘리고 냉온탕을 오가며 목욕을 즐기는 그녀들 사이에 선뜩 끼지 못하는 나는 이방인이었지만 목욕탕 안에 있는 동안은 잡념이 줄어들어 위로가 되기도 했다. 낯이 익고 수다에 귀가 열리자 문득 회의가 들기 시작했다. 목욕탕을 드나든 지 몇 달 지나지 않은 지천명을 코앞에 두고서야 시간이 아깝다는 생각을 했다. 내 운명의 불합리에 대해 날마다 목욕탕에 말뚝처럼 박혀 있는 것으로 끊임없이 반항만 했지 스스로 가치를 만드는데 게을렀던 자신을 발견하자 발걸음이 주춤거려졌다. 여기서 내가 얻는 것이 무엇인가. 굴곡진 삶을 외면하려 많은 시간을 무의미하게 허비하고 있다니, 뜨거운 태양 아래서 벌거벗고 서 있는 것처럼 몸이 화끈거리고 부끄러워졌다.

대중목욕탕으로 가던 발길을 멈추고 집에서 반신

욕을 시작했다. 조용했다. 누구의 방해도 받지 않고 혼자 있으니 책 읽기도 좋았다. 욕조의 따듯한 물에 몸을 담그고 있는 동안은 날이 선 마음도 누그러지고 앞날에 대한 불안감이 없어졌다. 얼굴을 덮었던 기미가 엷어지기 시작하자 서로의 생각이 다르다고 무조건 밀어내던 차가운 마음에 조금씩 온기가 스며들기 시작했다. 상대를 긍정적으로 바라보게 되면서 영원히 메우지 못할 것 같은 틈새가 조금씩 좁혀지는 듯했다. 피부미용에는 별 관심이 없으니 북천에 가서 목욕하자 완벽한 미인이 되었다는 신라의 알부인이 부럽지 않았다.

반신욕을 하면서 굳었던 몸이 풀어지고 머리가 맑아지자 자연스레 삶의 본질을 들여다보고 마음을 다스리게 된다. 알몸으로 수행하는 격이다. 조금씩 마음을 닦으면서 끄떡없이 여기까지 왔다. 그러나 아버님이 세워놓는 장벽 앞에서는 번번이 주저앉는다. 가볍지 않은 나이도 한몫했을 것이다.

노인요양병원에서 퇴원을 종용하는 게 두 달이 넘었다. 더 이상 치료할 게 없다고 했다. 병원관계자의 속내는 그게 아니란 걸 금방 알 수 있었다. 누구의 말도 듣지 않고 자신의 입장이 최우선으로 독불장군처럼 행동하다 거칠게 목소리를 높이는 아버님이시다. 상대방의 입장은 고려대상이 아니다. 사고라도 나면 책임은 고스란히 병원 몫이니 가는 병원마다 강제퇴원이다.

육 남매가 모두 외면하고 싶어하는 병실을 큰며느리라는 이름으로 드나든 게 칠 년이다. 위급상황이 발생할 때마다 혼자 구급차를 불러 응급실로 향하고 치료가 끝날 때까지 한동안 입원시켰다 퇴원하기를 반복했다. 가끔은 힘에 겨워 나조차 다른 형제들을 원망해보지만 그럴 일이 아니라는 것을 잘 안다. 젊었을 적부터 남다른 성격으로 식구들을 몹시 불편하게 만들고 이젠 도가 넘는 말로 곁에 사람을 두지 못하는 아버님이다. 태어남이야 어쩔 수 없지만 늙고 병든 것이 온전히 며느리 탓이라고 원망의 말을 쏟는 아버님이 나도 원망스러워 기피하고 싶다. 요양병원엘 가봐야겠다고 생각하면 심장박동이 빨라지고 숨이 막혀오는 이유다. 그런데도 찾아가는 건 측은지

심과 아이들에겐 할아버지이므로 자식에 대한 예의와 책임과 공존하는 의무감이기도 하다. 무엇보다 욕조 물에 몸을 담그면 생각이 서서히 바뀌고 때라도 박박 밀고 나면 내가 해야 할 일이라는 게 더욱 선명해지기 때문이기도 하다.

아버님은 강자인 동시에 약자다. 한 귀로 듣고 한 귀로 흘려버리고 속상해도 그냥 웃자고 생각은 한다. 하지만 막상 닥치면 그러지 못하니 아직 목욕 수행이 부족한 탓이다. 아버님은 며느리의 노후가 당신처럼 외롭지 말라고 호되게 교육을 시키는 중인지도 모른다.

거칠게 파도치던 마음이 잔잔해진다. 살갗을 아리도록 벌겋게 익히던 물도 적당하다. 책을 펴든다. 내일 다시 마음이 거칠게 부서져도 지금은 마음이 정화되는 시간이다.

그분

일 년의 반을 편집하는 일에 매달려 있다. 힘은 들어도 덕분에 예상치 못한 덤이 있어 좋다. 사무실이 공원 옆이라 잠시 허리 펴고 커피 한잔 들고 창문 너머 사람 구경하는 것도 덤이고 멀리 가지 않아도 가을을 만끽할 수 있으니 단풍 구경도 덤이다.

수북하게 쌓인 노란 은행잎과 단풍나무의 붉은 잎들은 물기가 말라가면서도 본연의 색을 간직하고 있다. 저무는 일이 사람도 저리 고울 수 있으면 얼마나 좋을까. 단풍은 공원에서 하루를 보내는 노인들의 무채색옷과 대조를 이룬다.

도심에 내려앉은 가을을 밟으며 점심을 먹으러 가는 중이다. 쌀쌀해진 날씨에도 단풍을 배경으로 공원 벤치에 앉아 담소를 나누거나 윷놀이를 하는 할아버지들이 먼저 눈에 뜨였다. 평소에 할머니를 찾으려면 고개를 좌우로 돌려야만 몇 분을 볼 수 있는데 흰색의 스티로폼 방석을 깔고 앉아있는 한 분만 보였다. 거울을 보며 화장을 고치고 있는 할머니를 발견하자 동행한 문우께서 아주 신기한 일을 겪었다는 듯이 말문을 연다.

“맞어, 저분이야. 아침에 내가 봤던 그분이네!”

차가 없는 문우께서는 늘 버스를 탄다. 오늘도 버스에서 내려 공원을 지나 사무실을 향하는데 우연히 그분과 어느 남자 노인과의 대화를 엿듣게 되었단다. 모자를 눌러쓰고 마스크까지 했어도 남자는 조심스럽게 행동하는데 그분은 다 안다는 듯이 말하더란다.

“처음인가 봐요.”

소문으로만 듣던 이야기를 직접 목격했으니 공원

에서 벌어지는 노인들의 성매매가 사실로 입증된 셈이다. 누가 먼저랄 것도 없이 호기심이 발동했다. 고개가 한 방향을 향해 고정된다. 그분은 특별하게 세련되거나 예쁜 얼굴이 아니다. 평범한 초로의 노인이다. 관심 갖고 살펴보지 않는다면 공원을 지나다 잠시 쉬어가는 할머니로 보였다. 얼굴이나 몸매, 그리고 옷차림도 남다를 것이란 생각이 완전히 바뀌는 순간이다. 거래의 현장을 목격하지 않았다면 도저히 믿기지 않을 것 같은 평범한 모습에 실망스럽기도 하다.

언제부턴가 공원은 노인들의 만남과 놀이의 장소로 변했다. 어쩌다 친구들과 재잘대며 사진 찍던 추억이 떠올라 잠시 의자에 앉아보고 싶기도 하나 왠지 의도적인 목적을 갖고 있는 그분으로 오해받을까 걱정하는 내가 지나친 것일까.

오래전, 동네 아주머니가 이 공원에서 그분과 같은 일을 하는 걸 알게 되었다. 친구 몇 명이 공원 근처에서 여관을 운영하는 친구에게 놀러 갔다가 우연히 그 아주머니를 봤다. 대낮에 여관에서 서성이는 아주머니가 무슨 일을 하고 있는지 전혀 모르는 내가 예의 바르게 인사를 하려 하자 친구가 당황하며 제지를 했다. 단골손님이란다. 시댁 동네에서 몇 번 마주쳤었는데 다행스럽게 나를 알아보지 못했다.

병석에 누운 남편을 대신해 딸의 대학등록금을 마련하기 위해서였다고 했다. 가족의 생계를 책임져야 한다는 핑계를 댄다 해도 여자가 할 수 있는 많은 일 중에 그 일밖에 없었을까. 그때는 이해가 되질 않았었다. 시간이 지나면서 아주머니가 안쓰러워졌다. 아내와 어머니라는 자리를 책임지기 위해 그 자리를 저만큼 밀어놔야 하는 심정이 오죽했을까 싶었다. 사랑 없는 행위가 그저 노동이라고 치부해도 무척 수치스러웠을 것이나 반복되면서 습관이 되었을까. 오래도록 동네 아주머니도 이 공원에서 서성였다.

지금의 그분에게도 도심의 공원에 잠시 뿌리를 내리고 삶을 이어가야 할 사연은 있을 터이다. 가슴속 가시 같은 사연들을 꾹꾹 누르며 벤치 위에 스티로폼 방석을 깔고 앉아 외로운 누군가의 삶에 노을 같은 붉은 꽃을 피워주려 기다리고 있는 것을 보면.

매춘은 역사상 가장 오래된 직업이자 인류의 보편화된 문화다. 생존을 위한 구질구질한 삶도 인생이다. 소외된 노인들의 그늘진 욕구를 인정하고 받아드리는 그분들을 박카스 아줌마라 부르며 곱지 않은 시선과 함께 당연하다는 듯이 하대를 한다. 찬바람 불어 더욱 쓸쓸한 가을날, 저 여자라고 부르지 않고 그분이라고 높여 부르는 문우의 따듯한 마음에 나도 모르게 그분에게 향하는 눈길이 순해진다.

그분의 모습이 찬바람에 뒹구는 낙엽처럼 고독해 보인다.

불편한 진실

문 앞에서 초조하게 서성인다. 주어진 점심시간은 한 시간인데 삼십 분이 흘렀다. 친정엄마는 불러도 대답만 하고 화장실에서 나올 생각을 안 하신다. 다른 사람들은 입구에 한 줄로 서서 차례를 기다리는데 나만 민망한 얼굴로 문 앞에 바짝 다가서서 안절부절못하고 있다.

팔순을 훌쩍 넘긴 친정엄마를 모시고 막내 올케가 일본으로 온천여행을 다녀왔으면 좋겠다고 했을 때 걱정이 없는 것은 아니었다. 아버지가 떠나신 후 상심이 크신지라 다녀오시면 조금이라도 위안이 되지 않을까 하는 바람이 더 컸다. 부모님의 여행경비를 부담했던 동생에게는 미안한 마음이었으나 이젠 거동이 많이 불편해 마지막 여행이 될지도 모른다는 안타까움이 앞섰다. 그동안 2년에 한 번씩 부모님을 모시고 해외여행을 하면서 지난해는 두 분께 일본여행을 보내드리려 했었으나 아버지께서 황망하게 떠나셔서 자식들이 몹시 안타까워하던 중이었다. 엄마는 며느리하고 함께 가는 것도 좋지만 큰딸이 같이 가지 않으면 가지 않겠다고 하셨다. 섭섭해하는 며느리에게 미안해도 당신께서 거동이 불편하시니 딸이 옆에 있으면 안심이 된다는 이유였다. 결국은 내가 동행하기로 하자 상기된 표정으로 금방 떠나야 하는 것처럼 서두르셨다. 아직 날짜가 많이 남아 있으니 천천히 여행 준비를 하자는 내 말에 불편한 심기를 드러내기도 하셨다.

출발하는 날, 새벽 버스를 타고 인천공항에 도착하고부터 휠체어를 제공받아 엄마를 태우고 출국 절차를 밟았다. 아침 식사를 하지 못한 엄마는 많이 시장했는지 비행기 안에서 주는 빵과 음료를 달게 드신다. 기분이 상당히 좋아 보였다. 일본에 도착해서도 항공사 직원이 휠체어를 대기시켜놓고 기다리고 있다가 입국 절차를 신속하게 처리해준다. 불편한 엄마 때문에 오히려 편하게 출국과 입국을 하게 되었다. 현지에서도 여행사에 부탁해서 휠체어를 차에 실었으니 문제가 없을 듯싶었다. 하지만 버스로 이동하면서 일이 생기고 말았다. 비행기 안에서 드신 간식으로 인해 탈이 나신 것이다. 이렇게 큰일을 저지를 줄은 예상치 못했다. 몹시 당황한 건 엄마나 나나 마찬가지였다. 화장실에 가고 싶으면 미리 얘기를 하지 그랬느냐는 내 말에 버스가 달리는데 어떻게 말을 하느냐고 하신다.

삼십 여분 만에 열린 화장실 안에서 엄마는 정신이 없었다. 변기의 물 내림 손잡이가 집에서 쓰던 것과 다르니 물도 내리지 못하고 속옷은 벗어 바닥에 그냥 두고 난감한 표정으로 서 있었다. 엄마의 미안해하는 모습에 마음이 무너져 내렸다. 누가 볼세라 냄새 나는 속옷을 비닐봉지에 담아 가방에 넣고 아무렇지도 않게 오물이 묻은 손을 세면대에서 닦아드렸다. 그리고 속옷을 새로 갈아입히고 손을 잡고 식당으로 갔으나 엄마나 나나 반쯤은 얼이 빠져 식사를 할 수가 없었다. 내가 동행하지 않았다면 올케가 얼마나 당황했을까, 시어머니가 민망해할까봐 조심스러워 하는 표정으로 먹을 것을 챙겨다 주는 올케를 보자 미안한 마음과 함께 무언지 모를 서러움이 자꾸 목젖을 타고 올라왔다.

여행하는 동안 나는 거동이 불편한 엄마의 손을 꼭 잡고 천천히 다니거나 거리가 멀면 휠체어에 태워 밀고 다녔다. 어느 곳에서든 춥고 재미없다고 그냥 가자 하면 관광하는 것을 미련 없이 포기하고 휠체어를 밀고 차로 돌아왔다. 그리고 수시로 화장실 가고 싶지 않으냐고 묻기를 반복한다. 엄마에게서 잠시도 눈길을 뗄 수가 없었다. 일행들이 힘들어서 어떡하느냐고 해도 나는 힘든 줄 몰랐다. 오히려 올케가 엄마에게 신경 쓰는 게 고맙고 미안했다.

의지와 상관없이 삶의 정점에 다다라 무너져 내리

는 육체와 정신은 누구라도 결코 원하는 일이 아니다. 모든 걸 다 주어도 비켜 갈 수 없는 예정된 길을 가고 있는 엄마다. 내게도 그 문턱이 결코 멀지만 않다는 걸 안다. 그래서 더욱 안쓰러운 엄마가 집으로 돌아와서야 안심이 되는지 편안해 보인다.

애인

단체 카톡방이 시끌시끌하다. 주제가 남편이다. 같은 연배의 남자는 없는 것보다 있는 게 났더라는 아내 말을 전하며 남편을 버리고 싶어도 종량제 봉투가 맞는 게 없어서 못 버린다는 우스갯말을 올렸다. 무더위 속에 퇴직한 남편에게 삼시 세끼 해먹이려니 짜증이 나서 죽겠다는 사람도 있다. 덧붙여 남편은 없고 애인이 있다면 이런 수고로움은 덜하지 않으려나한다. 홀몸 여인은 복 터지는 소리 하지 마란다. 그래도 애인보다 남편이 있어야 한다고 강조한다.

며칠 전이다. 그날은 첫 번째 임무를 수행하는 날이었다. 사준다는 밥 먹는 일도 시간 맞추기가 쉽질 않았다. 어느 때는 일주일 내내 밀려 있기도 하다. 몇 번 거절을 하다 보면 상대에게 죄지은 것도 없는데 몹시 미안해진다. 한 주일을 비워놓고 날마다 나가서 밥을 얻어먹기로 작심하고 나선 첫날이었다.

문우는 분위기 좋은 레스토랑으로 가자고 한다. 나는 맛있는 칼국수나 한 그릇 먹었으면 했으나 내색하지 않고 따라갔다. 창가에 자리를 잡고 밖을 봤다. 녹색의 산과 물, 도로를 질주하는 차량이 함께 어울리는 주변 풍경은 감탄사를 자아내게 했다. 가끔은 이런 호사를 누려보는 것도 좋겠다. 게다가 문우는 그 집에서 가장 비싼 메뉴를 주문한다.

먼저 크림 수프가 나왔다. 나는 수프에 후춧가루를 살짝 뿌려서 먹는다. 식탁 한쪽에 소금과 후추 병이 나란히 놓여있다. 고급 레스토랑에서 우아하게 후추병을 집어 들었다. 그리고 수프 위에 뿌렸다. 나오지 않는다. 윗부분을 돌려봤다. 그래도 안 나온다. 당황스럽다. 언젠가 써보긴 했는데 좀처럼 기억이 나질 않았다. 앞에 앉은 문우에게 작은 소리로 물었다.

"이거 어떻게 하는 거야!"

"그건 나도 몰러, 이럴 때는 애인하고 와야 해달라고 하는 건데"

나도 모르게 웃음이 터진다.

"우리 나이에 애인이 있으면 그 남자는 이런 후추병 사용할 줄 알까, 아마 더 모를지도 몰라, 괜스레 여자 앞에 앉아서 땀만 흘리고 있으면 더 민망하지"

"모르는 소리, 세련된 남자는 괜찮아"

후추 병을 가지고 씨름하면서 마주 보고 눈물이 나도록 웃었다. 후추 넣기를 포기하고 내려놓으려는 순간이다. 내 옷자락에 후춧가루가 소복하게 쏟아져 있는 게 보였다. 윗부분을 돌릴 때마다 후추 알갱이가 갈아져 밑으로 나온다는 것을 알지 못해서 생긴 일이다.

메인요리가 나왔다. 스테이크는 미디움 웰던이 제일 맛있다고 하나 썰었을 때 핏물 섞인 육즙이 나오면 나는 잘 먹지 못한다. 식성이 촌스러워 질겨도 푹

익혀야 좋다. 신세대들이야 스테이크가 익숙한 음식이지만 나는 스테이크 굽기 정도를 묻는 직원의 말에 당황스러울 때가 한두 번이 아니다. 아마도 나이 든 애인을 둔다면 나와 별반 다르지 않을 터이다.

결혼생활은 휴전 없는 전쟁이었다. 이혼하지 않고 살아낸 것이 기특할 정도다. 늘 전투태세였던 것 같다. 죽기 살기로 사랑해서 결혼한 부부가 몇이나 될까. 살다 보면 정들겠지 하며 결혼한 우리는 어찌 그리 하나부터 열까지 맞는 게 없는지 야속하기만 했다. 나만 그러했을 리 없다. 남편도 마찬가지였을 것이다. 그런데도 지금껏 함께 살고 있는 건 밥은 굶기지 않아서이고 남편은 아마도 먹을거리를 입맛에 맞게 해주니 그나마 다행이다 싶어 살아주고 있는 게다. 자연스레 서로에게 기대감이 적어지고 포기가 되어 측은지심으로 바라보고 있는 현재의 침체된 상황에서 세련된 애인이 곁에 있다면 그건 신의 은총이다.

절친한 문우는 애인을 둔다는 건 중소기업을 운영하는 것만큼 에너지가 소비되는 일이라고 우스갯말을 한다. 뒤늦게 만나는 노을 진 사랑은 가시덤불을 헤쳐나가야 하는 고된 길이라는 것은 자명한 일이다. 모르는 것이 있으면 그것도 모르냐며 퉁명스럽게 말하며 무시하는 남편보다 자상하게 설명하며 대신 해주는 사람이 있으면 가시밭길을 걷는다고 해도 두렵지 않을 터이다. 더 늦기 전에 조상의 은덕으로 중소기업 하나 운영해보는 일도 좋겠다는 생각이 고개를 내밀다 움츠러들기를 반복한다. 무더운 날 헛꿈에 젖어 부실기업 인수했다가 낭패할 확률이 더 높을 것이라는 불안감도 있으나 탄탄한 기업도 더러는 있을 터다.

한 치 앞도 내다 볼 수 없는 삶이라지만 남편이 다른 여자의 애인이라면 골치 아픈 부실한 중소기업일 거라 단정 짓고 있다. 운영자가 바뀌면 혹여 흑자를 내는 기업으로 재탄생될는지 알 수 없는 일인데도 말이다.

저녁밥을 지을 시간이다. 카톡방은 어느새 주제가 바뀌었다. 남편과 함께 먹는 요리 얘기로 카톡거리기 시작한다.

홍게

어시장에도 가을은 온전히 내려앉아 있다. 짧은 저녁 햇살에 좌판마다 붉은 단풍이 절정이다. 햇볕 한 줌 없는 심해의 모랫바닥을 기어 다녔을 뿐인데 저리도 맑고 고운 색으로 물들었다. 붉은 홍게는 배를 하늘로 향한 자세로 수북이 쌓여 작은 선홍빛 산으로 누워있다. 눈동자 속에 가을 하늘만 파랗게 고여 있을 뿐, 바다의 비린 냄새가 코에 닿아도 어쩌지 못한다. 천 미터 수심 깊은 바닷속에서 하루아침에 좌판에 누워 누군가의 미각을 충족시키려 기다리는 신세가 될 줄 어찌 알았겠는가.

동네 주민들이 일 년에 한 번 당일치기 여행을 떠나보자고 결정한 것이 삼 년 전이지만 올해 처음으로 참여했다. 산속 마을에서 살고 있으니 가까이서 단풍구경은 신물 나도록 볼 수 있어 좋다고 했는데 사람과의 간격도 조금은 떨어져 있어야 애틋함이 더하듯, 멀리서 보는 산야가 더 아름답게 보였다.

영덕의 바람의 언덕에서 내려다보는 가을 풍경에 신음 소리가 저절로 나왔다. 바다를 배경으로 돌아가는 풍력발전기와 한결 고즈넉해진 해변, 바다를 옆에 두고 걷는 해파랑길은 이국적인 풍경으로 연신 감성을 자극한다. 늦은 시간까지 단풍과 바다에 푹 빠져 있다가 집으로 돌아가기 전 들른 곳이 후포항이다.

어시장에는 홍게가 많았다. 대게 철이 아니다 보니 대게의 대체품목으로 홍게가 박달홍게라는 새로운 이름을 달고 후포항 시장을 점령해 버렸다. 대게나 꽃게처럼 금어기가 정해져 있는 것도 아니어서 사계절 잡을 수 있으니 싸고 양도 많다. 어느 사람은 포항이나 강구항 등 동해 가서 홍게를 먹고 대게를 먹었노라 으스대지만 다른 게들에 밀려 항상 싸구려로 취급받고 뒷전으로 밀린다. 개체수가 많아 상인들조차 귀히 여기지 않는다. 게다가 트럭 덕분에 홍게의 위상이 크게 실추되기도 했다.

1990년대쯤 시작되었던가. 한겨울, 거리의 트럭에서 대형 찜기를 놓고 홍게를 쪄서 팔았다. 비릿하고 구수한 냄새가 지나는 사람들의 발길을 잡았다. 퇴근길의 가장이 소주 한 잔으로 하루의 피로를 풀고 싼 맛에 가족을 위한 특별식으로 사 들고 가도 좋은 소리를 듣지 못했다. 애초부터 죽은 것이라 속이 비어 먹을 게 없었다. 그런 경험을 한 사람들은 살이 없다고 기피하지만 살아있는 것은 속이 꽉 차 있어 대게보다 훨씬 맛이 좋다.

홍게는 많고 넉넉해서 귀한 대접을 받지 못했다. 요즘은 사람도 마찬가지다. 아이는 귀하고 노인은 흔하다. 아무리 고운 단풍으로 물들었다 해도 함부로 취급될 노인이 되었다. 피할 수 없는 현실의 무게가 좌판의 홍게 위에 함께 올라앉는다.

심해에서 제 삶에 충실했던 홍게가 자신을 따라다니던 말들을 온몸에 두르고 붉은 단풍으로 저물고 있다. 관광객의 왁자한 흥정에 조용히 눈을 감는다. 잠깐이면 닿을 수 있는 바다가 너무 멀다. 노을이 내려앉은 금빛 물결이 몹시 그립다. 살아서나 죽어서나 홍색을 버리지 않는 대쪽 같은 꼿꼿함이 서늘하다.

어머님 날 낳으시고 선생님 날 만드시고

삼백만 원을 받았단다. 그것도 여러 번 독촉한 후에 받은 것이라 했다. 남편한테 보너스를 받은 것도 아니고 자식에게 용돈으로 받은 것도 아니다. 늙으신 친정어머니에게서 강제로 받아낸 성형수술비용이란다. 웃음이 터졌다. 문우는 50대 중반을 넘어선 사람이다.

찻집에서 담소를 나누던 중이다. 평소에는 예쁘다고 생각하지 않았던 문우의 얼굴을 가만히 바라보았다. 눈, 코, 입이 뚜렷해서 무척 예쁘다. 도톰한 입술이 압권이다. 나도 모르게 다른 사람의 말머리를 무례하게 끊었다.

"입술이 뽀뽀하고 싶게 섹시합니다."

문우의 웃음소리가 높다.

"제 신체 중에 제일 스트레스가 입술입니다. 중학교 때 국어 선생님을 복도에서 마주쳤는데 왜 가만히 있는 입술을 갖고 타박을 하시는지, 너무 두툼하다고 무안을 주시는 겁니다. 그때부터 입술 때문에 지금까지 기죽어 삽니다."

세상사 고민을 다 끌어안은 사람처럼 생각이 많은 게 사춘기다. 예민하던 시절에 받았던 상처는 평생을 간다. 그 후로 문우는 타인 앞에 설 때마다 입술을 가리고 싶은 충동이 일곤 했단다. 늦은 나이에 친정어머니께 성형수술비용을 받아 낸 것을 보면 입술 때문에 받는 스트레스가 이만저만 아니었던 것 같다. 똑같은 얼굴을 거리에서 마주칠 때마다 공포영화를 보는 것 같아 섬뜩하니 제발 성형하지 말라는 내 말에 문우는 친정어머니께 돈을 받아 놓고 용기가 없어 못하고 있다고 한다.

나는 형제들 중에 제일 못생겼다. 나만 왜 이렇게 낳아 놓으셨는지 부모님을 원망하기도 했다. 초등학교 시절부터 늘 친구들 앞에서 주눅이 들었던 것 같다. 나이 들어 옛 친구를 만나거나 한동안 적조했던 사람을 만났을 때 그들이 지금의 내 모습을 보며 예전엔 참 예쁘더니 많이 달라졌다고 하면 그때야 내가 정말 예뻤었나, 할 뿐이다. 형제들과 마주 하고 있으면 다시 추녀가 된다. 못생긴 건 부모님 책임이니 성형수술비 줘야 된다고 생전의 아버지께 졸라봤으나 큰딸이 제일 예쁘다는 이유로 끝내 성형수술비를 주지 않으셨다. 당신 자식이 못생겼다고 인정하기 싫으셨던 모양이다. 솔직하게 인정할 건 인정하고 과감하게 해결하는 요즘 젊은 부모들과 달라도 한참 다르셨다.

어느 결혼식장에서 젊은 사람들의 대화를 들었다. 신랑의 외모가 화재였다. 키가 작고 인물도 변변치 않은데 시집의 경제 사정이 재벌급이란다. 2세가 아빠를 닮으면 곤란하지 않을까 하는 말에 받아치는 대답이 걸작이다. 키가 작으면 성장호르몬 주사를 맞히면 될 것이고, 못생겼으면 성형 수술해주면 된단다. 자식은 낳기만 하면 되고 제대로 만들어주는 건 성형외과 선생님 몫이라 한다.

예뻐지려는 것은 여자의 본능이다. 성공과 실패를 좌우하기도 한다. 여성의 강점과 같은 감성적 능력에 부드러움, 게다가 중국 춘추전국시대의 전설로 남아 있는 서시의 인물이 더해진다면 백전불패이다. 위험부담을 감수하면서까지 성형외과 선생님께 얼굴을 다시 만들어 달라는 게 당연한지도 모른다. 머지않아 똑같은 얼굴들 속에서 아는 사람을 골라내기가 어려운 것은 아닌지 걱정이다.

저녁

늙은 여자 두 명과 조금 덜 늙은 여자 한 명이 식당으로 들어갔다. 세 사람 모두 점심밥을 과하게 먹은 지라 저녁밥은 별로 생각이 없었다. 그래도 먹어야 한다며 그중 한 사람이 반강제로 데려간 곳이 고기집이다. 저녁을 먹자는 것은 핑계다.

내 주변에는 혼자 사는 여인네가 더러 있다. 오늘도 그중 한 사람과 저녁을 같이 먹어야 한다. 목마른 사람이 샘을 판단다. 늘 밥 먹고 가라고 붙잡는 이는 홀몸 여인이다. 이런 일이 잦다 보니 얻어먹는 일이 미안하기도 하다. 나는 집으로 돌아가 저녁밥을 차려 주어야 하는 가족이 있어 가끔은 난감하기도 해 속내를 감춘 채 거절을 하자면 마음이 몹시 불편하다.

초조한 나와 다르게 홀몸 여인은 시간이 지체될 수록 편안한 표정이다. 경제적인 면이 충족된다면 혼자 사는 것도 좋겠다는 내 말에 배우자가 없어 편한 건 잠시라는 대답이다. 무엇보다 청승맞게 혼자 밥 차려 먹는 일이 제일 싫다고 한다. 종종 지인들과 밥을 같이 먹기도 하지만 그마저 여의치 않으면 동네 공원으로 나가 잘 알지도 못하는 청소 아줌마를 데리고 점심을 사 먹기도 한단다. 자식들이 자주 찾아와도 본질적인 외로움은 덜어지지 않는다며 시선이 흔들린다. 혼자 밥 먹는 것을 몹시 싫어하는 사람은 또 있다. 한집에 사는 남자다. 나이가 들면서 더욱 심해지고 있다.

남편은 해가 바뀌고 지금껏 백수 아닌 백수로 지내고 있다. 공사허가가 늦어지니 오전에 잠깐 외부 일을 보고 나면 집에만 있다. 삼식이다. 삼시 세끼 밥하는 일이 그리 쉬운가. 내가 바쁜 날은 어쩔 수 없이 혼자 챙겨 먹지만 저녁까지 혼자 먹으라 하면 싫은 소리를 한다. 그럴 때마다 빠뜨리지 않고 하는 말이 있다.

"돈 벌어다 주고 옆에 버티고 있으니 바깥에서 큰소리치고 사는 줄이나 알아, 아무리 속을 썩인다고 해도 자식보다 남편이 백배 든든 한겨."

곁에 사람이 있어도 외로운 건 마찬가지다.

개밥바라기가 뜰 즈음이면 나는 무척 외로워진다. 밖에서 일을 보다가도, 집에 있을 때조차도 돌아갈 곳이 없는 사람처럼 하루 중 가장 마음이 가라앉는 시간이다. 낮에서 밤으로 한 발 넘어서는 경계의 순간에 밀려오는 고독감은 나이가 들수록 더해진다. 가족이 있어도 그러한데 그 여인은 더욱 심했을 것이다. 부모도 떠나고 남편도 떠나고, 자식들마저 제 둥지로 찾아드는 시간에 늙은 여자 혼자 빈집에서 서성이며 어스름 저녁을 맞이해야 하는 것은 참으로 가슴 시린 일일 터이다.

나는 홀몸 여인과 밥을 먹을 때마다 과식을 한다. 둘이 만났을 땐 단 한 번도 밥값 낼 기회를 내게 주지 않았다. 같이 있어 주는 것만으로도 고맙다고 했다.

그러한 일이 반복되다 보니 내가 해 줄 수 있는 일은 앞에 앉아 맛있게 먹어주고 이야기 상대가 되어주는 일이다. 오늘도 마찬가지다.

양념 고기를 구워 먹고 밥을 볶았다. 먹기 전부터 불러 있던 배가 남산만 하다. 늙은 임산부 같다. 그래도 멈추지 않고 밑바닥에 눌린 밥까지 맛있다고 긁어 먹었다. 동행한 다른 여인은 수저를 내려놓은 지 한참 되었다. 나는 어깨로 숨을 쉬고 있다. 배가 고픈 것보다 부른 게 더욱 힘들다. 이런 상태로 집에 가면 저녁 밥상 앞에는 남편 혼자 앉아야 한다. 전후 사정을 이야기한다 해도 돌아올 말은 뻔하다.

"그럼 나는!"

누구에게나 저녁은 쓸쓸한가 보다.

가끔은 그 여인이 먼저 청하기 전에 내가 먼저 저녁밥을 같이 먹자고 해야겠다. 그러자면 집에 있는 남자의 투정은 심해질 터지만 누구라도 좋다. 저녁밥을 같이 먹어주는 일이 상대에게 얼마만큼의 위로가 되어 줄지는 모르지만 함께 있는 시간만큼은 서로에게 따뜻한 시간이 되지 않겠는가.

쓰다듬는 일

그녀의 행동에 헛웃음만 나왔다. 도저히 이해가 되질 않았다. 병실의 보호자용 의자에 앉아 한참을 바라보다 그렇게 하고 싶으냐고 말을 걸었다.

"이제 애기가 되었잖아."

애기가 되었다고 미운 마음이 사그라질까.

그녀의 남편이 뇌혈관질환으로 쓰러져 병원에 입원해 있다는 소식에 병문안을 간다고 하자 그녀는 완강하게 거절했다. 초라한 모습을 보이고 싶지 않아

서란다. 다른 사람을 통해 소식을 들을 수밖에 없었다. 몸을 쓸 수 없어 대소변을 받아내야 하고 삼시 세끼조차 먹여줘야 한다고 했다. 환자 본인이 받은 충격도 커서 아내에게도 말문을 닫았다고 한다. 나는 환자의 상태보다 그녀가 겪어야 하는 고단한 삶에 마음이 쓰이고 화가 났다.

병원에 입원한 지 6개월이 되었을 무렵 나의 시부께서 그 병원에서 혈관 확장 시술을 받아야 할 일이 생겼다. 공교롭게도 그녀의 남편이 있는 병실에 입원하게 되어 처음으로 대면했다. 생각했던 것보다 상태는 많이 양호해졌다. 조금만 거들어주면 식사도 혼자 할 수 있고 부축해서 화장실 출입도 했다. 말은 어눌해도 표정은 아이처럼 해맑았다. 곁에서 수발을 들어주는 그녀가 남편의 얼굴을 쓰다듬고 등을 토닥거린다. 서로 사랑했고 사랑할 부부처럼 다정해서 그들이 살아온 날들을 기억하는 나를 기막히게 만들었다.

양가의 부친께서 서로 안면이 있다는 이유로 두 사람의 개인적인 감정은 무시된 채 그들은 세 번째 만나는 날 약혼식을 하고 바로 결혼을 했단다. 남자는 결혼 초부터 아내를 멀리 두고 본인이 하고 싶은 일만 했다. 가정경제에는 별 관심이 없으면서 끊임없이 여자 문제로 불화를 일으켰다. 그러한 일은 쓰러지기 직전까지 이어졌다. 선택의 여지가 없었던 그녀가 종교에 의지하며 겉으로는 웃고 살았어도 그 마음속에 날 선 칼날 없었을까.

쓰러진 남편에 대한 분노를 삭이기 힘들었다고 했다. 간호에 힘든 아내를 외면하는 남편이 말할 수 없이 미워 휠체어에 태워 밀고 다니는 순간에도 험한 생각으로 자제력을 잃을까 봐 겁이 나더란다. 지금 그 남자는 치매라는 병명을 또 하나 달고 말 잘 듣는 어린애가 되어 버렸다.

그녀가 다정한 손길로 남편의 머리를 쓰다듬는다. 혼자 먹어보라고 간식을 손에 들려주며 입가를 닦아주고 약을 먹인다. 화장실 가고 싶지 않으냐 묻는 말이 다정하다. 손을 꼭 잡고 병원 복도를 걸으며 운동을 시키는 일은 젊은 날부터 쌓였던 상처와 미움을 허물고 용서했다는 의미다. 무엇이 그녀의 깊은 한을 가라앉혀 흘러가게 하는가. 대답은 간단했다. 어차피 살아야 한다면 미움의 자리를 비우고 그곳에 애기가 된 남편을 받아드려 쓰다듬어 주는 것이란다. 눈을 맞추며 서로를 쓰다듬어 주는 일은 지극한 사랑을 바탕으로 하는 일이다.

관점과 태도에 따라 삶의 질이 변할 수 있다는 것을 안다. 막상 이러한 일이 내게 일어났다면 나도 그녀처럼 끌어안고 쓰다듬어 줄 수 있을까. 쉽게 대답할 수 없는 일이다.

세 번째 남편

그 여자가 식당으로 출근한 지가 오 개월째다. 미장일을 하는 남편을 따라다니면서 뒷일을 봐주다 일거리가 줄어드니 어쩔 수 없이 예전에 다녔던 식당으로 다시 출근을 한다. 식당일이 바빠 좀처럼 쉬는 날이 없다. 어쩌다 하루 쉬는 날이 있으면 용케 알고 그의 남편이 데리고 일을 나가거나 아니면 일이 없어 놀고 있는 친구들을 서너 명씩 데리고 와서 법석거린다. 그의 아내는 남편의 성격을 잘 아는지라 아무 말 없이 순종한다. 오히려 지켜보는 사람이 못 마땅하다. 그 여자의 나이도 지천명을 훌쩍 넘었는데 너무하다 싶다. 그녀의 남편이 하는 짓거리를 가만히 보고 있던 내 남편께서 한 말씀 하신다.

"마누라를 어지간히 달달 볶네."

그 말끝에 나는 속으로 구시렁거린다. '아이고, 똥 묻은 개가 재 묻은 개 나무란다더니…….'

아이들이 어릴 적에는 경제적으로 어려움이 컸었다. 가장의 직업이 변변치 않거니와 부모님께 기댈 형편도 되지 못했었다. 밑바닥부터 시작해야 할 시기에 남편은 친구들과 어울리다 종당에는 집으로 데리고 오기 일쑤였다. 남편이 빠뜨리지 않고 하는 일은 놀던 자리에서 출발하면서 하는 전화다. 지금 출발하니 칼국수 5인분 만들어 놓으라든지, 밥 좀 차려 놓으라는 말이다. 야속하게도 밀어놓은 면을 사다 칼국수를 끓이면 맛이 없다고 먹질 않는다. 집에 도착하는 시간을 가늠해가며 밀가루에 콩가루 넣어 반죽해서 홍두깨로 밀어 국수를 하자면 정신이 없다. 칼국수를 하면 묵은김치도 송송 썰어 들기름에 무쳐놔야 하고 양념장도 만들어야 한다. 한 가지라도 소홀한 듯싶으면 꼭 한마디 하고야 만다. 남편 혼자 여러 사람 몫까지 시집살이를 시켰었다. 덩치에 비해 음식에는 어찌나 까탈을 부리는지 끼니때마다 신경을 곤두서게 하면서 번번이 친구들을 끌어 모았었다. 어느 날은 오다가다 만난 낯선 사람과 한 잔술에 정들었다고 집으로 데려와 재워주기도 했다. 게다가 기회만 있으면 다른 여자에게 눈길 주는 것을 당연하게 여기면서 아내의 일거수일투족을 간섭했다. 사랑하기 때문이라는 말도 안 되는 소리를 덧붙이면서 말이다. 병 주고 약 주는 식이었다. 속이 끓을 수밖에 없다. 경제적인 면도 잘 해결해주지 않으면서 오지랖은 넓고 게다가 불같은 성격으로 마누라 기를 팍팍 죽이던 사람과 불혹이 가까워질 때까지 함께 살았다. 나의 첫 번째 남편이었다.

두 번째 남편도 첫 번째 남편과 별반 다르지 않았다. 돈은 잘 벌어다 주어 형편은 좀 나아졌지만, 성격은 급했고 맘에 드는 여인을 보면 그냥 넘어가지 못했다. 그도 역시 관습에 젖어있어 마누라 기를 살리면 안 되는 사람이었다. 다른 점이 있다면 사람을 집에 데리고 오지 않는다는 것과 본인은 식구들 앞에서 제왕 노릇을 할지언정 다른 사람이 제 식구들 털끝이라도 건드리면 이유를 불문하고 눈에 불을 켰다. 요즘 아동학대 광고에 나오는 것처럼 기분 좋을 때만 사랑하고 기분이 나쁘면 아이 어른 가리지 않고 불편하게 만드는, 비위 맞추기 어려운 가장이었다.

나는 두 번째 남편을 만나면서 강해지기 시작했다. 언제까지 이렇게 살아야 할 것인가. 무슨 팔자가 지킬박사와 하이드 같은 남편과 살아야 하는지 회의가 들었다. 그즈음 과감하게 가정에서의 해방을 선언했다. 이대로 타성에 젖어 산다면 남편이 하이드로 변할 것 같은 위기감이 생겼다. 후폭풍은 대단했다. 일본 강점기에 광복 운동을 하던 독립군을 탄압하던 일본군과 크게 다르지 않았다. 그래도 굽히지 않고 앞만 보고 독립을 위해 나아갔다. 시간이 지나자 별수 없다고 생각해선지 조금씩 양보하기 시작했다. 드디어 해방의 물결이 밀려오기 시작했다. 두 번째 남편과 이순이 가까워지도록 살았다.

세 번째 남편은 지금 함께 살고 있는 남자다. 첫 번째, 두 번째 남편이 생활력이 강하고 인정이 많았듯이 세 번째 남편도 생활력이 강하고 인정이 많다. 성격은 셋 중에 제일 순한 것 같다고 생각하면 어느새 돌변해 더 괴로움을 안겨준다. 단지 외출이 잦은 나를 이해하고 혼자 식사도 알아서 먹을 것이니 걱정 마라며 편하게 해주려 노력은 한다. 가끔은 마누라의 목소리가 커져도 별 말 없이 져주고 아프지나 않았으면 좋겠노라고 살갑게 굴기도 한다.

첫째와 둘째 때는 언감생심 꿈도 꾸지 못했던 일이라 무언가 잘못된 게 아닌가, 의심이 들기도 한다. 결과만 본다면 남편을 세 명씩이나 만난 게 잘한 일이지 싶다. 이 남자도 그전 남편들의 성격이 나올 때 보면 거기서 거기다. 한술 더 뜨자면 나의 고유영역인 부엌까지 간섭하며 잔소리가 심하다.

돈 벌어다 주는 유세도 대단하다. 나이 들어 노후자금 준비로 초조해서 그럴 것이라 이해를 하다가도 다른 집 가장도 모두 돈 벌어다 주는데 유독 심한 것 같아 얄밉기도 하다.

나는 세 남자와 살았다. 중요한 것은 그들이 수없이 마음을 상하게 했어도 밥은 굶기지 않았다는 것이다. 집에서는 기를 죽여도 마누라와 아이들이 밖에 나가 고생하거나 기가 죽는 꼴은 절대 못 보는 위인들이다. 가족의 울타리 노릇은 완벽하게 했다는 것을 인정한다. 그것으로 위안을 삼는다. 여기서 더 욕심을 내면 안 될 것 같다.

지난(至難)한 삶 속에서 남편이 세 번씩이나 변해준 것만 해도 감사하지 않은가. 그런데 어쩌랴, 그 여자의 남편보다는 훨씬 괜찮은 것 같다가도 어느 땐 그 남자보다 더 독재자가 되어버리니 살아서는 그 습관을 버리지 못할 터, 나는 어느새 네 번째 남편을 꿈꾸고 있다.

봄바람 살랑살랑

1 ___ . 큰딸

아이의 재잘거림이 간지럽다. 그 많은 단어들을 어찌 그리 꼭꼭 숨겨놨었을까, 말문이 터지면서 생기는 일들이 경이롭다. 끝없는 질문들이 하루에도 몇 번씩 놀라게 한다. '하니'라고 부르던 명칭을 이젠 정확하게 '할머니'라 부르고 그 할머니를 앞에 앉히고 가르치며 어르고 달랜다. 웃을 일이 많아졌다. 걱정을 밀어놓는 아이와 함께 있으면 삿된 마음도 내려놓게 되어 용서 못 할 것이 없다.

큰딸은 산통이 심해지자 견디기 힘들었는지 어미를 불렀다. 병실에서 노심초사하며 함께 고통을 견디고 있는 제 남편이 갑자기 보기 싫더란다. 그토록 사랑해서 결혼했는데, 산고를 겪으면서는 소용이 없었나 보다. 새벽에 병원으로 달려갔다. 엄마를 부르며 서럽게 울던 딸은 엄마가 옆에 있으니 불안한 마음이 가라앉고 덜 아프다고 했다.

내가 그랬다. 남편에게는 눈길도 주기 싫었다. 진통이 시작되면서 친정엄마가 곁에 있으니 안심이 되었다. 아이 낳을 때 친정엄마가 없으면 얼마나 서러울지를 그때 알았다.

아침에 딸은 딸을 순산했다. 내가 힘들게 딸을 낳고 그 딸이 겪을 산고를 생각하며 울었듯이 아기를 가슴에 안고 딸이 울었다. 여자라는 이유로 출산의 고통을 이어가야 할 제 딸이 불쌍하다고 했다. 딸은 제 딸이 안쓰러워 울고 나는 내 딸이 자식을 품어 안고 걸어야 하는 녹록지 않은 인생길이 안쓰러워 목이 메고 눈시울이 뜨거워졌다.

'너나 나나 이 맑은 생명을 만나려고 한계를 넘어서는 고비마다 감내했었구나.'

대를 이어가야 할 산고지만 잠깐이면 까맣게 잊고 마는 일, 그렇게 철들어 어른이 되어가고 아이를 키우면서 부모의 마음을 돌아볼 터이다.

사위는 사업상 집을 비우는 날이 많다. 몸이 약해 혼자 아이 키우는 일이 버거운 딸은 제집보다는 친정에 있는 날이 많아지더니 아이가 돌도 지나지 않아 하고 싶었던 일을 시작한다. 남편이 벌어다 주는 돈으로 아이 키우며 살림만 하고 살았으면 좋겠다는 바람이 무색해졌다. 제 남편과 상관없이 일을 하고 돈도 벌고 싶단다. 몸이 건강치 못해 걱정이 앞섰다. 졸지에 아이 돌보기의 반은 내 몫이 되었다.

대학교에서 전공한 의상디자인을 발판삼아 아기이불을 디자인하고 직접 만든다. 인터넷판매를 시작하고 일 년이 되지 않아 사업자등록을 하고 본격적으로 사업에 뛰어들더니 주문량을 감당 못 해 하청을 주기도 한다. 어느새 온 집안은 공장 아닌 공장으로 변해버렸다. 재료와 제품들로 발 들여놓을 틈이 없다. 정리정돈이 어려워 누구의 방문도 꺼리게 된다. 점점 산속에서 고립되어 가는 중이지만 자식의 일이니 어쩔 수 없다.

밤늦도록 일하는 날이 늘어간다. 아기 이불 속에 묻혀 시간 가는 줄 모른다. 아이를 먼저 재우고 조심스럽게 일을 해도 재봉틀 돌아가는 소리는 어둠 속에서 더욱 선명하게 들린다. 계절이 바뀔 즈음 신상품을 디자인하고 작품을 만들어 사진 찍어 올려야 할 때, 또는 주문량을 맞추려면 밥 먹는 시간도 무시해버린다. 신경도 예민해져 그냥 넘어가도 될 말에 발끈하기도 한다. 속을 뒤집어 놓는다. 그럴 때 아이가 "할머니" 하고 다가와 안기면 뒤집힌 속이 가라앉으니 참으로 속없는 사람이지 싶다.

'그래도 네가 제일 잘한 건 아이를 낳아 안겨준 일이니 내가 참는다.'

나는 큰애가 생활력 강해 제 몸 망가지는 줄 모르고 일 하는 게 싫은데 본인은 미래에 대한 희망이 크다. 사위에게 향한 한결같은 사랑도 보기 좋다. 아이에게도 사랑을 듬뿍 주며 밝게 키우려 노력한다. 사업도 번창시키고 싶어 밤잠을 줄인다. 누구나 그렇듯이 애지중지 키운 자식이다. 고생을 사서 하는 걸 지켜보는 어미는 대견하면서도 속이 상한다. 여리기만 하던 것이 자식 낳고 엄마가 되더니 저리 강인한 모습으로 변했다. 안쓰러운 마음으로 지켜보다 제대로 해주지 못한 게 많아 울컥하기도 한다.

지금의 제 딸만 했을 때부터 엄마의 부재를 두려워했던 아이, 자라면서 부모에게 받는 마음의 상처를 스스로 핥고 치유하던 아이, 대학을 졸업하고 제 길을 내면서 넘어지고 힘들어도 내색하지 않던 아이를 온전한 사랑으로 품어주지 못했다. 그런데도 삶의 고비를 넘길 때마다 송두리째 흔들렸던 나와 다르게 딸은 흔들리지 않는다. 마음 밭을 가꾸지 않아 쑥대만 무성하게 만들고 허공만 응시하던 나를 닮지 않아 다행이다.

동생처럼 너스레를 떠는 걸 멋쩍어하고 변덕도 없으니 애교도 모자란다. 그런 딸이 낳은 아이는 무척 활동적이고 어린 것이 당당하다. 할 말 다 하면서 애교도 많고 온 집안을 뛰어다니며 살랑살랑 봄을 심는다. 딸이 하지 못한 일을 그 딸이 대신한다.

'아무리 생각해도 네가 제일 잘한 건 이 아이를 낳은 거야, 최고의 선물이지.'

오늘도 변함없이 딸이 준 선물에 코가 꿰어 해종일도 모자라 늦은 밤까지 살랑거리는 봄바람을 잡으려 집안을 종종거린다.

2 ______ . 작은딸

방문을 열지 말아야 했다. 번번이 후회하면서도 나도 모르게 열고 만다. 습관이다. 조금 전까지 풀밭에 누워 있는 것처럼 평화롭던 마음을 폭풍 속에 집어 던지게 하는 격정의 풍경이 오늘도 변함없이 펼쳐져 있다.

작은 아이가 6년의 외국 유학을 마치고 돌아와 제게 맞는 직업을 선택했을 땐 참으로 대견했다. 직장까지 가는 버스 편이 좋지 않아 날마다 태워다주고 퇴근 시간이 늦는 날이면 데리러 가는 것도 즐거웠다. 아이들이 집을 떠나 적적하기만 하던 집안에 사람의 말소리가 늘었으니 자연스레 생동감이 생겼다. 밥상머리에 사람이 더 늘었을 뿐인데 주방에서 서성이는 시간이 늘고 음식 냄새가 진해졌다. 제방을 난장판을 만들어 놓고 나가면 정리하고 청소해주는 일도 좋았다. 서로 제 역할만 하며 소 닭 보듯이 사는 부부 사이에서 살랑거리는 딸이 있으니 가끔은 툴툴대면서도 딸의 뒤치다꺼리 하는 것을 은근히 즐겼다.

1년쯤 되자 출퇴근하기가 힘들었는지 직장 근처에 숙소를 정했다. 주말마다 아이를 데려온다거나 반찬거리를 만들고 세탁할 빨래를 가져다 깨끗이 손질해서 갖다 주는 일마저도 느슨해졌던 삶에 활력소가 되었다. 어느 정도 돈이 모이자 딸은 차를 사더니 다시 집으로 들어왔다. 차량에 들어가는 경비와 생활비 감당이 안 될 것 같다는 이유와 함께 돈을 모으려면 부모 곁에 있어야 한다는 것이다. 본인이 이루고자 하는 꿈이 있으니 당연하게 여기고 환영했었다.

딸은 출근할 때 제 방문을 꼭 닫고 나간다. 절대 열

어보지 말란다. 아침밥상을 치우고 나면 당연히 집안 청소를 해야 하는데 그 방만 빼놓고 할 수는 없지 않는가. 청소기를 끌고 방문을 열면 한참을 서서 바라본다. 방바닥에는 속옷과 겉옷이 널브러져 있고 화장대 위엔 마치 폭탄이 떨어져 있는 것 같다. 화장품마다 제대로 뚜껑이 닫쳐있는 게 없다. 잔소리를 할 때마다 휴일에 치우면 된다고 하는 딸의 음성이 내려져있던 짜증의 스위치를 올라가게 한다.

직장 생활하던 나도 그랬던 것 같다. 농사일에 바빴던 엄마는 결코 내방을 열어보지 않았었다. 잔소리를 하거나 들을 일도 없었다. 휴일 오전에 방 청소하고 밀린 빨래를 하고 나면 나머지 시간은 책을 읽었던 것 같다. 요즘처럼 볼 것 많고 먹을 것 많고, 갈 곳 많던 시절이 아니었다. 하나밖에 없는 텔레비전은 남아선호 사상이 투철하셨던 할머니 차지였으니 책이나 볼 수밖에 없었다. 퇴근하고 집에 오면 만사가 귀찮던 기억 때문에 결혼하고 시집살이하면서 학교 다니고 직장 다니는 시누이들의 속옷까지 빨아줬었다. 내 딸들에게 그 마음은 더 보태져 있다. 나는 딸의 행동을 충분히 이해하면서도 가끔 딸에게 유세를 한다.

“엄마가 네 무수리 노릇을 하는 것 공짜 아냐. 다음에 돈 많이 벌면 다 갚아.”

받아치는 딸의 대답이 유쾌하다.

“엄마, 걱정하지 마, 내가 엄마가 좋아하는 외국여행은 질리도록 보내주고 집으로 돌아올 수 없게 계속 각국 나라로 돌게 할게.”

“그럼 나 외국에서 생을 마감하라는 거야?”

“그때쯤이면 한국으로 와야지.”

“결혼해서 아이 낳으면 엄마가 키워야 한다고 틈만 나면 세뇌시키면서 아이들 다 키워주고 늙은 어미는 휠체어 태워 데리고 다닐 거니? 몇 번이나 가겠어!”

“어쨌든 걱정하지 마, 내가 다 알아서 할 테니까.”

참으로 헛웃음이 나온다.

친구들과의 모임에서 제 자식 흉볼 때가 있다. 대부분 자식 혼사가 끝나고 손주 키우는 이가 많다 보니 아들과 딸 흉이다. 그것도 자랑이 반이다. 기특하게도 며느리나 사위 험담은 하지 않는다. 집안 살림하는 엄마가 같은 여자여서인지 아들보다는 딸이 깔끔하지 못하다고 한다. 엄마 입장에서도 시집가서 맞벌이를 한다면 아들보다는 딸의 삶이 힘들지 않겠느냐며 그냥 받아주는 것 같다. 내가 방 정리 좀 제대로 하라고 닦달하지 못하는 이유이기도 하다.

나이 꽉 찬 작은 딸과의 실랑이는 아직도 진행 중이다. 이젠 제발 나가줬으면 좋겠다는 푸념에 함께 살아야 한다는 너스레가 밉지 않으면서 든든한 마음이 드는 건 왜일까.

오늘도 변함없이 옷가지 널브러진 풍경 속으로 봄바람이 살랑거리며 들어온다. 창문 너머 산허리에 진달래꽃이 화사하게 피어있다. 봄바람이 아무리 살랑거려도, 봄꽃이 아무리 예쁘게 피어난들 계절 가리지 않고 살랑거리는 딸만 할까.

5부

틀

틀

가두려고 하는 게 본질이다. 자신을 꼭 닮은 물건을 만들어 내야 직성이 풀린다. 사물이야 틀로 모양을 잡는다지만 발상도 행동도 자유로운 인간마저 집어넣으려 든다. 어리석은 사람일수록 자신을 틀에 가두고 때로는 타자도 가두려 든다.

친정 부모는 매년 직접 수확한 흰콩으로 메주를 만들었다. 다섯 말의 콩을 쑤어 메주를 만드는 일은 연로하신 친정 부모에게는 힘겨운 일이었다. 처음에는 손으로 메주를 만들었지만, 점점 양이 늘어나다 보니 아버지는 나무판을 다듬어 메주 틀을 만드셨다. 어찌나 정교하게 만들었는지 매끈하고 예쁘게 나오는 메주를 볼 때마다 절로 감탄사가 나왔다.

몇 년 전, 아버지가 떠나시던 해 심었던 흰콩을 수확하니 한 말 반 정도가 되었다. 작물도 주인의 손길이 끊기면 열매를 맺지 못하는가 보다. 예년의 절반도 안 돼 더 애잔했다. 그해, 이제는 필요 없다며 벽에 걸린 메주 틀이며 해묵은 콩 자루를 내어주던 친정어머니 모습은 몹시 허허로웠다.

며칠째 내린 눈 위를 찬바람이 쓸고 간다. 춥지만 더는 미룰 수 없어 콩을 불렸다. 마당 한쪽에 걸어놓은 가마솥에 장작불을 지폈다. 서 말의 콩을 삶으려면 꼬박 이틀이 걸린다. 색깔이 짙어질 때까지 푹 삶았다. 메주 틀에 광목을 깔고 찧은 콩을 넣어 꼭꼭 밟아 꺼냈다. 칼로 자른 듯 매끄럽고 반듯하다.

메주 틀을 행주로 닦고 또 닦았다. 그리운 아버지 얼굴을 씻겨드리듯 정성을 다한다. 아버지는 이 틀을 쓰는 동안 자식들의 삶도 매끄럽고 반듯하길 기원하셨을까. 누구나 걸어야 하는 인생길이지만 당신도 가족의 삶도 반듯하길 바라셨는지도 모른다. 한참을 말없이 행주질만 하는 나에게 옆에서 잔일을 도와주던 딸이 조심스레 말을 건다.

"엄마, 그거 할아버지 유품이네."

꾹 참았던 눈물보가 터지고 만다. 당신의 삶이 얼마 남지 않았다는 것을 알면서도 씨 뿌리고 가꾸다 거두지도 못하고 떠나셨지만 나는 아버지의 손길이 닿은 것조차 애잔한데 하물며 마지막 선물로 남겨주신 메주 틀은 오죽하랴.

일정한 모양을 잡는 게 틀이다. 물건의 종류마다 틀이 다르듯 사람에게도 저마다 틀이 있다. 자신을 가두고 틀에서 벗어나지 못하는 이를 틀에 박힌 사람이라 한다. 그런 사람은 타인과의 갈등으로 상처를 주면서도 상대를 탓한다. 사람과의 관계를 부드러운 틀로 포용하는 사람도 있다. 각기 다른 틀을 존중해 주는 사람이다. 아버지의 틀이 그러했다.

부모 자식, 부부와 친구 사이에 다툼이 없던 아버지는 어머니와 자식들의 틀을 인정해 주고 가족들의 틀이 서로에게 부드럽게 녹아들 수 있게 말없이 실천으로 보여주셨다. 사람이 올바르게 살아야 하는 견고한 그 틀에서 꿈을 키우도록 배려하셨다. 자식의 틀이 성에 차지 않아도 완성되기를 기다리셨고 틀에서 벗어나도 반드시 돌아오리라 믿고 탓하지 않았다.

자식은 부모의 겉만 닮는다고 했던가. 나는 아버지의 바람대로 하지 못했다. 부드러움이 강함을 이기는 걸 보고 자랐으나 받아들이지 못했다. 가족들을 내 틀에 맞추려다 상처받고 벗어나려고 하기도 했다. 살면서 만나는 수많은 틀이 사회질서를 유지해 준다는 걸 알면서 감정이나 욕망을 억압해야 한다는 게 싫었다. 아버지가 떠나시고 나서야 서로의 틀을 인정하는 것이 얼마나 인내를 요구하는 일인지 깨달았지만 쉽게 내 틀에서 벗어나지는 못했다.

생전, 아버지는 힘닿는 데까지 농사지어 콩은 줄 테니 직접 메주를 쑤어 보라 하셨다. 말씀대로 아버지는 가을이면 돌까지 골라낸 깨끗한 콩을 서너 말씩 주셨다. 장독대에 된장 단지가 매년 늘어가는 것을 볼 때마다 살림하는 재미가 났다. 묵을수록 깊은 맛이 나는 된장이 아니던가. 나는 가을이면 메주콩을 서 말은 꼭 삶아야 한다는 새 틀을 만들었고 아버지는 나이 들어가는 딸에게 진정한 어미의 틀을 완성해주고 싶으셨던 모양이다.

해마다 가을이면 메주콩을 산다. 혹여 틀어지지는 않았을까, 벽에 걸렸던 메주 틀을 살펴보고 닦는 일 또한 게을리하지 않는다.

매끄럽고 반듯하게 살라는 무언의 교훈이 담겨 있는 메주 틀. 어떤 유품보다도 소중한 그 틀을 보노라면 그리운 내 아버지가 보인다.

부담

어느 가장이 몸살이 났다. 회사에서 일찍 퇴근해 집으로 돌아오니 온몸의 힘이 다 빠져서 옷도 제대로 벗지 못하고 소파에 누웠단다. 귀여운 아이들은 들어올 때 배꼽 인사 한 번으로 알은체를 하더니 어린이 프로에 빠져 텔레비전만 바라보고 있더란다. 주방에서 저녁준비를 하던 아내가 마루로 나와 남편이 기운 없이 누워 있는 것을 보고 애들을 불러 아픈 아빠를 위로해 주자며 노래를 부르자고 하더란다.

'아빠, 힘내세요, 우리가 있잖아요. 아빠 힘내세요, 우리가 있어요.' 율동과 함께 열심히 부르는 아이들의 노래를 들으며 가장은 너무도 서글퍼서 엉엉 소리 내어 울고 싶었다고 한다. 아프지도 말고 어서 힘내 일터로 나가라고 등 떠미는 것만 같더라는 그의 말을 들으며 복잡했던 심정을 이해할 수가 있었다.

IMF가 시작되면서 '아빠 힘내세요.'라는 동요가 선풍적인 인기를 끌었었다. 애나 어른이나 모르는 이가 없고 발음이 분명하지 않은 유아가 부르는 노래는 어른들의 마음을 즐겁게 했었다. 명예퇴직과 감원 대상이 되어 직장을 잃고 고개 숙인 남자들의 처진 어깨를 보면서 위로의 말 대신 이 노래를 대신 부르기도 했었다. 어려운 시기에 절묘하게 시간을 맞춰 노래를 만들어 내다니 기특하기도 했다. 그런데 가장들이 이 노래를 제일 싫어한다고 한다. 사회생활을 하면서 상처받고 힘겨워 서러울 때는 힘내라는 말이 용기를 주고 힘이 되지만 처와 자식들이 우리가 있으니 힘내라고 하면 그 부담스러움에 머리가 무겁다고 한다. 우리가 있으니 일터로 내모는 것 같고 돈이

나 많이 벌어오라는 소리로 들린단다. 웃자고 하는 소리지만 그 속에는 뼈가 들어있다. 아내와 아이들이 능력이 있어 뒷심이 되어 준다면 더할 수 없이 듣기 좋은 말일 것이다. 그건 대부분 가장들에게는 꿈같은 얘기 아닌가.

가족은 희망이기도 하지만 때로는 무거운 짐이기도 하다. 돈과 명예가 있고 가정까지 화목하다면 무엇을 더 바랄까, 과연 그렇게 선택된 사람이 있기나 한가. 한 가지가 부족한 사람, 두 가지가 부족한 사람, 세 가지가 다 부족해서 정착하지 못하고 거리를 떠도는 사람도 있으니 그 부족함으로 인해 자의든 타의든 주위 사람들에게 물질적이거나 혹은 정신적 부담을 주게 된다.

듣는 사람의 상황에 따라서 뜻이 달라지는 말이지만 나는 누군가에게 힘이 되어준 적이 없는 것 같다. 당당하게 당신 옆에는 내가 있으니 걱정마라든지, 아니면 당신이 못하면 내가 대신하겠다고 나서질 못하는 것은 행동으로 보여주지도 못하면서 말만 앞세우는 게 싫어서다. 가까운 사이일수록 서로에게 부담이 되는 존재는 되지 않아야 할 터지만 세상살이가 혼자로만 살아지는가.

IMF 시절보다 더 어려워지는 요즘이다. 한동안 잠잠하던 이 노래가 다시 생각나는 건 왜일까. 점점 더 어려운 시기인데 '아빠 힘내세요.' 소리가 들리지 않는다. 아무리 외쳐도 가장의 어깨가 펴지지 않으니 소용이 없어서인가.

조카

여섯 번째란다. 그냥 웃음이 나왔다. 둘만 낳아 잘 기르자는 정부 시책에 군말 없이 따른 나와 다르게 다섯 여섯 낳은 사람이 주위에 더러 있었어도 요즘 세상에 여섯이라면 놀랍다.

젊었을 적엔 자식 많은 집을 보면 어쩌자고 저렇게 많이 낳았을까 했다. 아마도 남자가 대를 이어야 한다는 뿌리 깊은 사상이 큰 몫으로 작용했으리라.

딸만 내리 대여섯을 낳아 몸 둘 바를 모르던 여인

네가 끝내 아들 낳고 개선장군처럼 의기양양하던 모습은 잠깐이었다. 아이들 키우면서 고생은 얼마나 심하게 했던가. 자식들이 결혼하고 자리를 잡으면 그제야 한숨 돌린다. 무거운 나이가 되어 옛적 고생을 웃으며 얘기한다. 자식 덕에 외국 여행은 남보다 더 많이 다니고 용돈이나 좋은 옷도 곱으로 받아 부러움을 사기도 한다.

아기 보기가 참 어려운 시절이다. 아이 좀 낳으라고 정부에서 혜택을 주며 사정해도 하나만 낳던지 아예 들은 척을 하지 않아 내심 걱정스럽던 일인데 여섯째 아이를 출산했다는 소식을 장가도 가지 않은 스물아홉 살 조카가 전해준다.

아버지 산소에 잔디를 다시 입히는 날이다. 동생들과 조카가 열심이다. 어릴 적부터 장조카라서 남다른 정이 가던 녀석이다. 인물은 또 얼마나 좋은지 "고모"하고 부르는 소리에 내 얼굴은 그만 하회탈로 변해버리기 일쑤다.

"고모, 내가 아이를 받았어요."

"뭐, 무슨 아이!"

"복통이 심하다고 신고가 들어와서 출동했는데 가서 보니 아이 머리가 벌써 나왔더라고요."

"아니, 무슨 임산부가 산통인지 복통인지 구분도 못 한다니?"

"그러게요. 산모가 나이가 좀 드셨는데 시골에서 병원 갈 형편이 아니라 한 번도 산부인과를 못 갔데요. 여섯째라는데 출산예정일도 몰랐다고 해요."

"나 참! 기막혀, 첫 번도 아니고 여섯 번째 출산인데 복통이라고 했어? 그리고 너는 산부인과 의사도 아니고 산파도 아닌데 어떻게 아이를 받았어?"

"그날은 상황이 급해서 의사하고 통화하면서 지시에 따라서 했어요."

"아이고 이놈아! 떨리지 않았어? 고모는 누나들 낳으면서 무서워서 태 가르는 일은 상상도 못 했었는데 말이다. 근데 너 머리채는 잡히지 않았냐?"

"시골 소방서에 근무하다 보니까 벌써 몇 번이나 아이 낳는 것 받았는데요 뭐. 이젠 아무렇지도 않아요. 머리채는 안 잡혀 봤어요. 그런데 산모의 가족들이 좀 이상해요."

"뭐가? 아이를 여섯씩이나 낳아주는데 경사난거잖아!"

"시어머니는 아기 낳는 건 신경도 안 쓰고 춥다고 문 닫으라고 소리만 지르세요!"

"며느리가 집에서 출산하면 시어머니가 다해야 하는데 왜 그랬을까."

"별로 반갑지가 않은가 봐요."

"아마도 형편이 어려운 시골 살림에 아이 많이 낳는 며느리가 못마땅했나 보다. 인마, 너는 장가들면 니 마누라 병원 보내지 않고 아이도 니가 받겠다."

산모와 아기는 병원으로 데리고 가서 이상이 없는지 검사를 했다고 한다. 나는 조카와 이야기를 나누면서 신기하면서도 기가 찼다. 아무리 구급대원이라도 그렇지, 아이까지 받는다니, 신문방송에서나 보던 일이다.

조카는 소도시 소방서에서 구급대원으로 근무를 한다. 어릴 적부터 불자동차를 유난히 좋아하더니 장래희망이 소방관이라 했었다. 부모의 입장에서는 좀 더 큰사람이 되길 바랐지만 결국 본인이 원하던 소방서 구급대원이 되었다.

조카를 만나고 며칠이 지났다. 내가 사는 곳은 산속 동네라 신문이 배달되어 오려면 한나절이 지나 집배원이 와야 볼 수 있다. 먼저 펼쳐보는 것은 지방신문이다. 나는 깜짝 놀랐다. 지역 소식란에 조카의 사진과 기사가 손바닥만 하게 실렸다. 구급대원의 도움을 받아 출산했다는 소식은 신문에서 봐야 제대로 실감이 난다. 나는 녀석의 얼굴이 떠올라 자꾸 웃음이 나왔다.

장손 조카를 보면 월급을 많이 받는 대기업 사원이 부럽지 않다. 본인이 선택한 직업을 소중하게 여기니 제 역할에 충실한 것도 보기 좋다. 든든하고 믿음직스러운 청년이다.

이화주(梨花酒)

막걸리 선물을 받았다. 예전의 막걸리병과는 다르다. 매끈한 몸매가 도시 여자처럼 세련되었다. 술에 대한 기억이 쓰기만 한데도 주는 이의 마음이 헤아려져 기쁘게 받아 들었다. 주류회사를 경영하는 문우의 선물이다.

종이상자 안에는 여섯 병이 각기 다른 이름을 달고 얌전하게 서 있었다. 간택을 기다리는 술병을 요리조리 살펴보다 조껍데기 술을 집어 들었다. 저녁 밥상을 앞에 두고 가장과 아이들 앞에서 한 컵을 따라 천천히 마셨다. 금방 얼굴이 붉게 달아오르고 숨이 가빴다. 이튿날은 적응이 되는지 조금 덜 취하고 사흘째가 되니 술맛이 달달하다. 취기도 덜 올라 견딜만한데 식구들의 염려가 커지기 시작했다. 한 병도 아니고 한 컵만 마시는데도 혹여 말 못 할 일이 생겼나 묻고 알코올중독을 내세워 위협까지 한다. 술이라면 입에 대지도 않는 사람이 저녁마다 마시는 게 분명 이유가 있다고 단정 짓고 눈치를 살피는 가장의 표정이 잘못을 저지르고 주눅 든 아이 같다.

광목 앞치마를 두른 할머니가 시루에 찐 지에밥을 돗자리에 펴느라 엎드리면 등에 내리던 햇살과 은비녀를 꽂은 뒷머리가 유난히 반짝거렸다. 적당히 물기를 말리는 동안 할머니가 잠시 자리를 비워야 몰래 먹을 수 있었던 찹쌀 고두밥은 일 년에 두 번, 모심을 때와 추수 때 맛볼 수 있는 별미였다. 지에밥에 누룩과 물을 혼합해 넣은 단지를 서늘한 광에 드려놓고 발효가 되면 용수에 고이는 맑은 술은 제사에 썼다. 남은 것을 물 섞어 거르는 날이면 탁배기 한잔 마시

자며 동네 아저씨들의 대문 출입이 잦아 잔칫집처럼 법석거렸다. 그날은 술을 드시지 못하는 아버지도 한 잔 술에 얼굴이 붉어지고 아이들은 사카린 넣어 달달한 술지게미를 먹고 얼굴이 붉어졌다. 그렇게 정감 있는 막걸리가 지나치면 독이 된다는 걸 그때는 몰랐다.

술에 지나치게 집착하는 어머니의 주사는 상상을 초월했다. 주로 곡주라는 막걸리를 드시는데도 몸을 가눌 수 없게 취하시는 날이 많았다. 하루라도 마시지 못하면 안절부절못하셨다. 갓 시집온 며느리 앞에서 한동안 조심스러워 하시는 게 힘드셨는지 얼마 지나지 않아 숨김없이 보이기 시작하는 주사는 견디기 어려웠다. 술을 마셔야 하는 이유를 시어머니가 아닌 같은 여자로서 이해하려 노력했다. 한계에 다다르자 내가 숨이 막혀왔다. 술에 대한 혐오감이 생기기 시작한 것이 그때부터였다. 어머니는 알코올중독을 시작으로 병원에 입 퇴원을 반복하다 결국 알코올성 치매로 요양병원에 입원하신 지 팔 년이 되었다. 저녁마다 막걸리 한잔 마시는 걸 보고 아이들이 할머니를 떠올리며 염려하는 것도 무리는 아니다.

한국의 전통술에 이름도 여러 가지다. 막 걸러낸 술이라서 막걸리라 하고 색깔이 탁하여 탁배기, 탁주, 농사지을 때 먹는 술이라 농주라 불렀고 찌꺼기가 남는 술이라고 재주(滓酒), 신맛을 없애기 위해 재를 섞는다고 회주(灰酒), 흰색이라 백주라 불렀다지만 나는 고려 때의 이화주(梨花酒)란 이름이 제일 맘에 든다. 배꽃 필 무렵 담근다고 해서 붙여진 이름이란다. 지금은 아무 때나 만들어 먹을 수 있으니 사라진지 오래인데 얼마 전 배꽃 만발하자 불현듯 이화주가 떠올랐다. 전통 이화주와는 맛도 다를 것이나 감성에 젖어 막걸리병 뚜껑을 따기 시작한 나의 속마음을 모르는 식구들의 시선이 따갑다.

비 오는 풍경을 바라보며 갓 나온 파전에 막걸리를 걸치는 것만큼이나 운치 있는 일이 또 있을까만 그래도 달빛 아래 하얀 배꽃을 보며 마시는 이화주만 하랴. 내가 저녁 밥상에 낮에 본 배꽃을 끌어다 놓고 산등성이에 걸친 환한 달빛도 창가에 앉히고 이화주를 마신다는 걸 식구들은 상상이나 할까. 배꽃이 지도록 마시지 못하고 남은 술은 농주로 이름을 바꿨다. 마당과 작은 텃밭을 점령하는 풀들과 전쟁을 하려면 핑곗거리로 안성맞춤이다.

식구들 눈치 보느라 여섯 병 중 다섯 병을 흔들어 따는데 한 달이 넘게 걸렸다. 여자가 막걸리병을 흔들어 마개를 따는 것만 봐도 못마땅해하던 나였는데 엄마의 변한 모습을 아이들이 믿기지 않는다는 듯 바라본다.

남은 동동주 한 병은 막걸리를 좋아하는 이웃에게 주었다. 아무래도 막걸리 애호가는 되지 못할 것 같다. 그래도 해마다 배꽃 필 무렵, 배나무 그늘에 앉아 이화주는 마시고 싶다.

부탁

가을이 들이닥치니 여름을 잃은 느낌이다. 어제 아침의 바람보다 오늘의 바람이 더 차서 옷깃을 여미게 한다. 마음마저 서늘해지는 아침에 운동을 하러 나서는데 일찍 일어난 작은 딸이 함께 걷자고 따라나선다.

사과가 탐스럽게 익어가는 과수원, 그 끝에 기대어 있는 논에는 벼가 누렇게 익어 땅을 향해 깊고 정중한 인사를 하고 있다. 새들 때문에 수수머리에 양파자루를 씌워놓은 밭은 볼 때마다 생소하고 감시카메

라를 달아놓은 인삼밭을 지날 때는 눈길 둘 데가 마땅찮아 발걸음이 빨라진다. 들길을 지나 산모롱이 돌아 집으로 오자면 한 시간이 넘게 걸리는데 오랜만에 딸이 말동무가 되어준단다.

길옆 작은 도랑에서 물안개가 피어올랐다. 무리 지어 피어 있는 물봉선화와 고마리꽃은 안개 속에서 몽환적이다. 마주한 풍경과 다르게 나는 지극히 현실적인 일로 딸에게 속내를 드러내기 시작했다.

며칠 전, 글쓰기 교실의 환갑 지난 수강생이 써온 글이 내 삶을 잠시 정지시켰다. 주변을 돌아볼 사이 없이 바쁘게 앞만 보고 갈 일이 아니었다. 글쓴이의 70대 누님이 완치된 줄 알았던 신장암이 다른 장기로 전이되었다고 했다. 진료실에서 의사의 말을 들으며 복잡했던 심경과 누나에 대해 애처로움이 담겨 있었다. 작품 합평이 끝나고 우리는 어느 순간 예상치 못했던 상황이 닥쳤을 때 어떻게 대처를 해야 하는지에 대해 토론이 벌어졌다. 그날 내 결심은 더욱 굳어졌다.

딸에게 하는 엄마의 부탁은 무거운 짐이다. 그래도 묵묵하게 받아드리고 있는 아이가 고맙다. 나는 진지

하게 말했다. 만약, 엄마에게 무슨 일이 일어난다면 결코 생명을 연장시키려 인공호흡기도 달지 말고 영양제도 놓지 마라. 외할아버지처럼 깔끔한 모습으로 떠나고 싶다 했다. 혹시 치매라도 생기면 서슴없이 시설 등급을 받아 요양원으로 보내 달라는 부탁도 했다. 딸은 어떻게 그리하느냐 한다. 저보다는 언니가 반대할 거란다. 아무리 돈이 많아도 긴병에 효자 없다는 말을 절실히 깨닫고 있는 요즘이라 간곡하게 말했다. 너희들 생각보다는 부모의 의사를 존중해줘야 한다는 당부도 덧붙였다.

세월의 흐름이 철 따라 다르다. 이젠 머무는 날보다 떠나야 할 시간이 가까워졌다는 걸 온몸으로 느끼게 된다. 의미 있는 삶도 중요하지만, 삶의 마무리도 중요하다는 생각에 문득 조급해지기도 한다. 노화는 운명이고 언젠가 죽음은 찾아올 터다. 그 과정은 가파르게 곤두박질치는 길이 될 수도 있고 완만한 경사 길이 될 수도 있다. 누구도 선택의 여지가 없다. 나는 요양원에 계신 시부모님과 돌아가신 친정아버지의 삶을 보면서 많은 것을 배웠다. 그분들은 내게 잘 살아야 하는 동기를 유발하였다.

친정아버지는 어느 날 갑자기 발견된 말기 암으로 인해 가파른 길에서 절벽 아래를 보셨어도 온전한 정신으로 삶을 깨끗하게 정리하고 떠나셨다. 하지만 시부모님 두 분은 치매로 노인병원을 거쳐 요양원에서 생활하신 지 몇 년이 되었다. 본인의 의지와 상관없이 생긴 일들이다. 자식 입장에선 모두 마음 아프다. 그러나 분명하게 깨닫는 것은 있다. 내게 남아 있는 삶의 여정에 마음 다해 사랑하며 곤두선 가시도 눕히고 꼭진 주먹도 펴고 살면 예상치 못했던 일이 생길지라도 편하게 받아드릴 수 있다는 것이다. 나는 심각해져 있는 딸의 얼굴을 슬쩍 바라보다 얼른 눈길을 돌린다. 평범한 일상에 갑자기 무거운 짐을 얹어 혼란스럽게 만들어 미안했다.

바람이 맑다. 습도 없는 가을바람은 사람의 마음속으로 먼저 길을 내고 나뭇잎을 스치며 물기를 걷어간다. 지칠 줄 모르고 영역을 넓혀가던 들풀마저 쇠잔해져 눕고 있다. 풍화의 시작이다.

올갱이

웃음이 나왔다. 나도 모르게 자꾸 반복되는 웃음이다. 꿈인가 생시인가 헷갈린다. 강원도를 향해 출발하면서 동생이 미리 말을 해주어 알고는 있었지만 반신반의했었다. 설마 그렇게 많을까. 그런데 그곳에 도착해 맑은 물속을 들여다보니 기가 찼다. 많아도 너무 많다.

양파 자루를 들고 물속으로 들어갔다. 청주 근교에서는 이삭 줍듯이 했는데 여기서는 알곡을 터는 것 같았다. 한 움큼씩 잡아 올릴 때마다 신기해서 웃음이 저절로 나왔다. 물에 젖는 것이 싫어 허리를 굽히고 올갱이를 잡는 나에게 동생은 그냥 물속에 주저앉으란다. 한 곳에 앉아 몸만 돌려가며 건져 올려도 자루는 금방 찼다.

내가 처음 올갱이국을 먹어 본 것은 결혼 초였다. 비릿한 맛이 입에 맞질 않았다. 나와는 다르게 시댁 식구들은 무척 좋아해 수시로 올갱이국을 끓여 먹곤 했다. 그러던 어느 날이었다. 시어머니께서 올갱이를 잡아 오셨다. 나보고 국을 끓이라며 나가셨다. 한 번도 해보지 않았던 일이었다.

된장을 풀어 물이 끓자 올갱이를 넣었다. 그리고 아욱과 부추를 넣고 양념을 추가했다. 밥상을 차려 안방으로 들고 갔다. 국을 조심스레 떠올리던 시부모님의 표정이 야릇했다. 처녀 적부터 요리에는 자신 있던 사람인데 무슨 일 일까 의아했다. 대접에는 까만 올갱이들이 수두룩했다. 올갱이를 삶아 건져 속을 빼야 하는데 그 부분을 놓친 것이다. 그냥 웃기만하는 식구들 앞에서 혼자 무안했다. 그때부터 나는 시나브로 올갱이국에 중독이 되어 갔다. 누군가 올갱이 잡으러 가자는 말만 떨어지면 따라나섰다. 물속을 들여다보며 잡는 것도 재미있었지만 먹을 때의 쌉쌀한 맛도 좋았다.

햇볕이 강해 등은 따가워도 물속에선 춥다. 점심 전부터 시작한 올갱이 잡이는 저녁까지 이어졌다. 해가 산머리를 넘으려 하자 깊은 곳에 있던 것들이 모두 올라와 시선을 고정시킨다. 그만 나오라는 동생의 재촉도 귓등으로 듣는다. 물속에서 근동에 산다는 중년 여인을 만났다. 어디서 왔냐고 물으며 멀리서 왔으니 많이 잡아가라 한다. 아무리 잡아도 줄질 않는단다. 남의 동네까지 와서 잡아가느냐고 타박을 하면 어쩌나 속으로 조마조마하고 있었는데 오히려 물속이 깊으니 조심하라고 염려까지 해준다. 이기적인 나하고 달라도 너무 다르다.

내가 사는 곳은 산속 마을이다. 봄이면 산나물을 채취하러 오거나 가을에는 밤이나 도토리를 주우러 사람들이 수시로 들락거린다. 이방인들을 마주칠 때마다 못마땅했다. 내 영역을 침범당해 빼앗기는 것 같은, 무언가 찜찜한 기분이었다. 그들에게 뱀도 있고 곤충도 많으니 조심하라는 말은 한 번도 해보지 않았다. 강원도에서 만난 그 여인들도 당연히 나와 같은 심정일 거라 생각했는데 착각이었다.

올갱이는 세 개의 커다란 들통에 한가득이다. 대신 춥고 허리가 펴지지 않는다. 동생 내외가 나를 보고 웃으며 한마디 한다.

"타도에 와서 욕심이 과했슈!"

여기저기 나눠 줄 생각과 그곳에서 만난 여인들의 따뜻한 배려에 뭉클했던 감동, 무엇보다 많은 올갱이가 마음을 부자로 만든다.

⊙올갱이 : 다슬기의 사투리

젊어서 고생

1970년대 초반의 농촌 생활은 대부분이 궁핍했다. 그녀의 친정집은 남들보다 더 어려움을 겪던 터라 입 하나 덜자고 갓 스물 넘은 딸을 출가시켰다고 한다. 시집도 농사로 연명하는 집이라고 했다. 철모르는 나이에 시부모 모시고 농사지으며 삼 남매를 낳았지만 어린아이들을 남겨두고 남편은 먼저 다른 세상으로 떠났다고 한다. 지금 그녀가 겪고 있는 고통을 보면 그 후의 삶이 어떠했는지는 불을 보듯 뻔하다.

나와 동갑내기인 그녀는 신장이 나빠 음식도 가려 먹어야 하고 기운이 없어도 영양제 한 병 맞을 수가 없다고 한다. 영양분이 흡수되질 못하고 소변으로 배출되기 때문이다. 육체가 부실해지다 보니 작고 가냘픈 몸은 바람이라도 조금 불어오면 날아갈 것만 같다. 그녀가 어렵게 가꿔 거둔 감자를 사러 와서 나는 맑은 하늘만 쳐다보고 있다.

어린 나이에 시집온 내 어머니의 길도 험난했다. 갖은 고생을 하며 오 남매를 키웠지만 그래도 엄마에게는 기댈 수 있는 남편이 곁에 있었다. 아버지와 함께 농사일을 하며 자식들을 먹이고 가르치던 어머니는 오래전, 양쪽 무릎관절을 인공관절로 바꾸는 수술을 하셨다. 수술하기 전 병원에서 찍은 무릎 사진을 보고 막냇동생은 너무 가슴이 아파 울었다고 했다. 모든 부모가 다 그러하듯 내 자식에게는 잘 먹이고 잘 입히고 잘 가르치고 싶은 게 부모 마음이다. 자식 욕심이 유별났던 어머니는 사회의 한 구성원으로 열심히 살아가고 있는 오 남매를 품에서 떠나보내고 다행히 몇 해 전 아버지가 떠나시기 전까지 함께 노년을 평온하게 지내셨다. 그러나 다리가 불편하고 고관절 수술을 하며 가고 싶은 곳을 마음대로 다니질 못하신다.

누구든 주변에서 힘들게 사는 사람을 보면 '젊어서 고생은 사서도 한다는데 앞으로는 좋은 날이 있을 거야' 하고 위로의 말을 해준다. 고난의 시간 속에서 얻어지는 물질적인 여유로움과 깨닫게 되는 지혜와 가치는 삶의 밑바닥에서 충분한 자양분이 되기 때문이다. 그러나 스스로 가려서 선택한 경우에는 사서 하는 고생이라 할 수 있겠다. 하지만 그녀와 내 어머니는 본인의 의지와 상관없이 들어선 고생문이었고 남은 건 병든 몸이다. 젊어서 고생을 사서 하다니 병든 몸만 남는데 누가 선뜩 고생길로 접어들겠는가.

이십 대의 학생들과 터놓고 얘기를 한 적이 있다. 지나온 우리의 삶과 생각을 말했더니 돌아오는 대답이 할 말을 막는다.

"왜 그렇게 살아요? 자식은 자식이고 내 인생은 내 인생이지요. 그리고 자식은 뭐 하러 그렇게 많이 낳아요. 형편이 안 되면 그냥 둘이 살면 되잖아요."

고생스럽게 사는 것은 본인의 의사표시를 확실하게 하지 않았으니 자신의 책임이란다. 내가 이렇게 병들었다고 자식에게 책임을 떠넘기는 것도 보기 싫단다. 힘이 드는 직업도 별로란다. 내 세대의 희생적이었던 삶을 다수의 젊은이들은 말도 안 되는 소리라고 우스갯소리로 넘겨버리고 말았다. 말도 안 되는 소리라니, 순간 괘씸하기도 했다.

그중에는 올바른 가치관을 말하는 젊은이도 있다. 자의든 타의든 자신에게 지워진 일이라면 벗어 던지려 하지 말고 최선을 다해야 하지 않느냐고도 한다. 두 사람의 말이 다 옳은 듯싶었다. 그녀도 부모의 말에 무조건 순종하지 말고 용기 있게 거절하고 좀 더 생산적인 길을 택했다면 이렇게는 되지 않았지 싶기도 하다.

아픈 그녀가 안타깝다.

"차라리 결혼하지 말고 공장이라도 다녀서 돈을 벌지 그랬어."

그녀는 기운 없이 대답을 한다.

"그땐 왜 그 생각을 못 했나 몰라."

한참을 말이 없던 그녀가 한숨을 깊게 쉬며 혼잣말

을 한다.

"자식들만 잘된다면 몸이 부서진들 무슨 상관이여!"

내 어머니가 늘 하시던 말씀을 그녀도 한다. 시집간 딸과 사위가 참 잘한다고. 아들이 엄마가 고생한 것을 알아주니 다행이지 않느냐는 말이 답답하다. 내가 모든 일에 우선이라고, 내가 건강하고 행복해야 가족들이 편하다는 생각으로 살아온 나와는 달라도 너무 다르다.

부모가 시키면 시키는 대로 할 수밖에 없었다는, 그래서 오로지 어머니로만 남아 홀로 마루 끝에 앉아 노을을 바라보는 시선이 멀다. 그녀를 두고 돌아오면서 목젖까지 치밀어 오르는 알 수 없는 분노의 감정을 도로 삼키려니 나도 모르게 육두문자가 튀어나온다.

그녀의 부모도 배곯는 자식이 안타까워 어쩔 수 없이 보냈을 것이다. 우리가 겪는 삶의 굴곡들이 누군가에겐 봄날의 소풍이 되고 누군가에겐 거대한 사기극일 수도 있다는 불편한 생각이 드는 건 왜일까.

복권

공짜로 얻은 복권이다. 팔자에 횡재수는 없으니 투기는 하지 말라는 점쟁이 말이 생각나 시큰둥하다가 밑져야 본전이지 하며 긁어봤다. 당첨이다. 여기저기서 꽝이네 하는 실망의 소리를 들으면서 민망하게 웃음소리가 나도 모르게 커진다.

가까운 친지가 맛있는 점심을 샀다. 식당 문을 나서는데 바쁜 일 없으면 행사장엘 들렀다 가자고 한다. 스텐다라이가 천 원이란다. 어떤 곳인지 몰라 마음이 내키지 않았으나 모처럼 부탁을 하니 안 갈 수가 없어 따라갔다.

천 원 주고 물건만 사서 오려던 내 생각은 오산이었다. 나눠준 복권에 당첨되면 피자팬을 준다고 했다. 그런데 바로 주는 게 아니라 복권 뒷면에 찾아갈 날짜와 시간을 적어주며 그 시간이 지나면 안 준다고 한다. 기분이 묘했다.

그곳에만 갔다 오면 생기가 넘치셨다. 행사장이라고 했다. 관계자들이 자식들보다 더 위해 주는 것도 좋고 프로그램이 다양해서 즐겁고 신이 나신다고 했다. 한나절을 놀다 돌아올 때는 어김없이 선물까지 주니 행사장이 다른 곳으로 이동하면 먼 거리다 싶어도 찾아가시고는 했다. 날이 갈수록 쌓여가는 물건도 많아졌다. 화장지, 마른미역과 설탕, 세제나 섬유유연제도 있고 계란도 있었다. 한쪽 구석에는 신문지로 덮어놓은 비밀스러운 상자도 개수를 늘려갔다. 공짜로 얻어오는 물건도 있지만 사 오지 말라는 식구들의 만류에도 몰래 사들이는 물건도 많았다. 시어머니는 내게 전리품 같은 물건들을 골고루 나눠주셨다.

생활필수품은 대게 질이 떨어지는 허접한 상품들이어서 어느 것은 그냥 소비하고 어느 것은 버리기도 했다. 전기를 연결해 쓰는 찌개 냄비나 다리미 등은 몇 번 쓰지도 않았는데 작동이 제대로 되지 않는 불량품이 많았다. 이십여 년 전의 일인데 이젠 내 차례인가 보다. 지정해준 날이 되자 갈까 말까 갈등이 생겼다. 그래도 팔자에 없는 복권이 당첨되었는데 피자팬은 받아야겠다는 마음이 더 컸다.

주뼛거리며 고개도 제대로 들지 못하고 행사장에 들어섰다. 많은 사람들이 줄을 서 있다. 남자는 한사람도 없다. 모두 나이든 여자들이다. 의아했다. 복권을 확인하고 강당으로 들여보낸다. 회사에 대한 설명을 다 들었다는 확인표를 받아와야 상품을 준단다. 점심 약속 시간이 얼마 남지 않았는데 난감했다. 다행히 첫날이라 설명이 짧았다며 40분 만에 피자팬과 함께 출석 표와 내일 참석하는 사람에게 주는 상품권을 준다.

밖으로 나오는 할머니마다 피자팬이라 쓰인 상자를 들고 있다. 햇살은 반짝이는데 눈길 둘 데 없이 민망하다. 이십여 년 전, 시어머니가 화장지를 들고 가는 모습으로 내가 있다. 손에 쥔 출석표와 내일의 상품권을 찢어 휴지통에 던졌다.

점심 식사 중에 행사장 다녀온 얘기를 했다. 앞에 앉은 문우께서 한 말씀 하신다.

"나는 사과 한 상자에 천 원 한다고 해서 갔다가 천만 원 썼어. 그것도 물건이 좋은 것 같아서 용돈 잘 주는 애들 생각나 사다주면 좋은 소리도 못 듣고, 반품을 많이 했어도 그 정도야. 나는 나이가 많아 판단력이 흐려져 그랬다 쳐도 아직 그런데 출입하기는 좀 이르지 않은가."

울상이 되어버린 내 표정을 보며 동지를 만난 듯 문우의 눈빛에 장난기가 가득하다.

장갑

유월의 빨간 장미처럼 환한 색상이 곱다. 두 살짜리 외손녀가 끼고 있는 벙어리장갑은 부드럽고 따뜻하고 앙증맞다. 눈 내리는 날이면 아이는 장갑을 끼고 한 손은 제 눈을 가리키고 한 손은 현관문을 가리키며 밖으로 나가자고 보챈다. 하늘에서 펄펄 날리는 눈을 따뜻한 손바닥으로 받으면 금방 사라지는 게 무척이나 신기한가 보다. 스러짐의 미약함과 어두운 뒷면을 모르니 추워도 즐겁기만 한 아이다.

눈 장난을 치는데 장갑을 끼지 않은 내 손이 시려오기 시작한다. 따뜻한 집 안으로 들어가자고 달래보지만 허사다. 손이 시리면 온몸이 더 춥다는 걸 알지 못하는 아이는 고개를 젓는다. 그저 좋은가 보다. 먼 훗날 즐거웠던 이 겨울날의 풍경을 아이는 기억할까. 어느 만남의 자리에서 현직에 있는 군수님이 담담하게 풀어놓던 겨울이야기가 눈과 함께 내려앉는다.

고등학교 시절 장갑도 없이 자전거를 타고 산길을 달려 학교에 가는데 손이 너무 시려 더 이상 갈 수가 없더란다. 추위를 견딜 수 없어 학교에 가길 포기하고 집으로 돌아갔더니 어머니께서 당신 저고리 소매를 잘라 토시를 만들어 자전거 손잡이에 달아주시던 일을 잊을 수 없다고 했다. 옷도 귀했던 시절이다. 엄동설한에 맨손으로 자전거를 타고 가는 아들을 보면서 장갑조차 사 줄 수 없는 어머니의 마음은 미안하고 슬프고 오죽 가슴 쓰렸을까. 지독한 가난 속에서 학교를 보내주는 것만도 감사했었다는 그분의 얼굴을 바라봤다. 모든 역경을 이겨낸 자신만만하면서도 편안한 표정에서 사람을 끌어당기는 힘이 느껴졌다.

가난을 몸으로 겪어야 했던 비슷한 세대다. 내 가난의 포근했던 기억이 왠지 미안했다.

초등학교 2학년이었던가. 털실도 쌀밥만큼이나 귀했던 시절이라 더 이상 입을 수 없는 헌 스웨터조차도 버리지 않고 재활용했었다. 엄마는 찢어진 비닐우산살로 대바늘을 만들어 뜨개질로 벙어리장갑을 만들어 주었다. 손목 부분은 색깔 있는 실을 사용해 최대한 멋을 내고 잃어버리지 말라고 줄을 만들어 양쪽에 장갑을 달아 목에 걸어주었다. 엄마의 다짐이 무색하게 그해 겨울방학을 앞두고 장갑을 잃어버렸다. 그러던 어느 날 막내 이모가 선물을 사 왔다. 조카들에겐 나일론 양말을, 엄마 것은 손가락 끝이 뾰쪽하고 등에는 반짝이는 유리구슬이 달린 고급스러운 검은 장갑이었다. 시골 동네에서 그런 멋쟁이 장갑을 가진 사람이 없었다. 엄마는 장갑을 무척 아꼈다. 십리 길을 걸어 시내를 가거나 외가를 갈 때만 끼고 장롱 서랍에 보관했다. 몰래 장롱 서랍을 열고 장갑을 손에 끼면 커서 헐렁거렸지만 내 것 인양 흐뭇했다.

방학이 끝나고 개학을 하자 엄마는 내게 검은 장갑을 손에 끼워 등교를 시켰다. 책보를 허리에 매고 벗겨질까 봐 두 손을 꼭 오므리고 걸으면서도 이렇게 멋진 장갑을 끼고 학교엘 간다는 것이 자랑스러워 우쭐댔다. 옷 속을 파고드는 추위쯤은 아랑곳없었다. 그러나 그 장갑도 일주일을 넘기지 못하고 한 짝을 잃어버렸다. 남은 한 짝을 만지작거리며 집으로 와서 야단을 맞았는지는 모르겠다.

성인이 될 때까지 엄마가 뜨개질한 벙어리장갑이 몇 켤레인지 알 수 없다. 그런 엄마에게 나는 장갑을 마련해드렸던가. 얼마 전에는 주간보호소에 다니는 엄마가 장갑을 잃어버렸다고 전화를 했어도 일이 바쁘다고 잊고 있었다. 올케가 사준 따뜻하면서도 예쁜 장갑이었다. 예전 같으면 언제쯤 사다 줄 거냐고 재촉을 하실 터인데 잠잠했다. 장갑은 까맣게 잊고 친정에 들렀는데 재미있는 얘기를 하신다. 보호소 차를 함께 타고 다니는 할아버지께서 아침저녁 버스에서 내리거나 탈 때마다 도움을 준다며 고마워하신다. 교장 선생님으로 퇴임하신 분이라 생전의 아버지처럼 점잖으시다 한다. 게다가 늘 끼고 다니던 장갑이 며칠 보이지 않자 검은색 가죽장갑을 선물해 주셨단다. 장갑처럼 따뜻한 선물이 또 있을까. 아버지께서 떠나시고 우울해하던 중에 골반뼈 골절로 수술한 게 일 년 전이라 거동도 자유롭지 못했던 엄마는 요즘 활기가 넘친다. 따뜻한 물에서 오므렸던 꽃잎을 다시 피우는 꽃차처럼 화사하고 향기롭다.

누구나 장갑에 대한 추억은 있다. 아이의 빨간 벙어리장갑은 유년의 유토피아로 기억될 터이고 어머니가 저고리 소매를 잘라 자전거 손잡이에 달아준 토시는 그분 삶의 지표가 되었을지도 모른다. 내게는 풋사랑이 떨리는 손으로 건네주던 선물보다 다섯 손가락이 있는 엄마의 검은 장갑이 생생하다. 엄마는 새 장갑 선물 받고 유월 장미처럼 환하게 피어나던 눈 내리는 겨울날을 추억하시려나. 아이가 장갑 낀 손을 흔들며 달려온다.

갈바람 불면

여백의 계절이다. 소매 끝을 스치는 소슬바람 불어오면 마음결이 출렁인다. 따스한 사람과의 만남 속에서도 웃음 끝에 스며드는 우울함에 흔들리고 이루고 싶은 소망을 포기해야 할 때 다른 계절보다 더 심하게 마음속에 빗줄기가 내린다.

이즈음이면 하루쯤, 혼자 차를 몰고 어디론가 달리는 버릇이 있다. 낯선 휴게소에 잠시 머물며 커피를 마시거나 먼 하늘을 바라볼 때, 따뜻한 차를 두 손으로 감싸 쥐면 눈시울이 뜨거워진다. 고독하고 허무해진다. 갈바람 불면 그 깊이가 더하다. 풍요와 화려함이 지나가는 길목에 서서 늘 무언가 그립고 아쉬워 방황한다. 세월이 흘러도 잦아들지 않는다. 삶 속에 있는 모든 것들이 결코 영원할 수 없다는 것을 무언으로 말하는 이 가을에 절대의 고독을 느끼게 됨은 이별할 것들이 많아서인가.

계획 없이 집을 나섰다. 어디로 갈까. 대청호로 향했다. 문의를 지나 신탄진 가기 전, 옥천 가는 국도로 접어들었다. 어느 해 초가을에 다녀온 곳이라 조금은 익숙한 것 같아도 혼자라서 두렵다. 창밖을 스쳐 가는 쓸쓸함을 더해가는 풍경들, 깊은 사색의 문장들이다. 달리다 멈추기를 반복한다.

빈 들판이 늘어간다. 호수의 물은 투명하고 산은 겨울을 나기 위해 머금었던 물을 모두 내보내고 있다. 나무는 제 빛깔들을 몸에 두르고 한여름 초록으로 감추었던 개별성을 되찾아 간다. 자연의 밝기가 낮아져 모든 초록은 흩어지고 잔가지에 매달린 단풍은 고개를 숙였다. 무성하던 한해살이풀들이 속절없이 무너져 내린다. 자연 속에서도 어떤 인연은 내년을 기약할 것이고 어떤 인연은 영원히 떠날 것이다. 제자리에서 겪어내는 이별조차 담담하게 받아드리는 의연함은 어디서 오는 것인가.

인연으로 만난 많은 사람들이 있다. 삶에 방해가 되는 악연보다는 대부분 도움을 주고받는 호연이다. 귀하고 안타까워도 어느 때는 그가 떠나거나 내가 떠나오기도 한다. 길가의 작은 풀꽃과 나무들, 필요에 의해 곁에 두는 사물들과도 마찬가지다. 시간이 흘러갈수록 그들은 하나하나 떠나간다. 젊음과 꿈과 사랑과 같은 무형의 것들마저 퇴색되어간다.

변하지 않는 것은 이 세상에 존재하지 않는다. 세월의 힘 앞에서는 행복과 괴로움을 주었던 온갖 욕망을 남겨놓고 떠날 수밖에 없다. 목숨을 걸어도 아깝지 않다고 여겼던 눈부신 사랑조차 언젠가는 끝을 만나게 마련이다. 스스로 떠나가지 않으면 떠밀리게 되는 삶의 길은 떠나와서 돌아보면 처음과 같이 맨몸이다. 나목으로 찬바람에 시달리다 봄이면 새잎을 틔우는 나무들의 삶도 만남과 이별의 연속이다. 순수

한 연초록으로 만나 뜨겁게 여름을 함께 지냈다. 모든 것을 버려야 함을 알게 되는 순간부터 붉게 타오르는 단풍잎에는 처연함이 있다. 그리고 다시 맨몸이다. 때로 사람과 사람 사이의 이별이 진실한 슬픔을 동반하기도 하나 사람과의 이별에는 미움과 원망이 앞서간다. 남겨진 사연은 공허함만 남길 뿐이다. 잃어버린 것들이 남긴 공간을 좋은 것만 기억하고 아름다운 추억으로 남긴다면 이별의 고통은 오히려 성장의 기회가 될까.

대청호반을 따라 하루를 보냈다. 낯선 곳에서 낯선 사람을 만나고 낯선 풍경을 보고 익숙한 풍경을 마주할 때는 오래되어 익숙한 사람을 생각했다. 영원히 떠나 만날 기약조차 없거나 소식 없는 이들을 향한 그리움이 밀려오면 호수의 잔물결을 한참 동안 바라보기도 했다. 생각은 짧거나 깊어도 끝에 다다르기 마련이다. 인생의 영원한 주제는 무엇일까, 사랑이라는 이름으로 만난 인연과 언젠가 맞아야 할 쓸쓸한 이별인가. 그림자조차 거느리지 않는 그리움은 어디서 흘러와서 이토록 흔들어 놓는가.

설핏한 저녁나절이다. 돌아오는 길에 작은 휴게소에 잠시 머물렀다. 흩날리는 잎들이 으스스 쓸쓸하다. 아무리 흔들려도 몸담은 곳에서 쉽사리 떠나지 못하고 현실에 붙들려 있어야 하는 것이 인생인 것을. 이런 으스름에 누군가는 커튼을 내리고 깊이 울기도 할까.